VOCABULÁRIO GREGO
DA FILOSOFIA

VOCABULÁRIO GREGO DA FILOSOFIA

Ivan Gobry

Tradução
IVONE C. BENEDETTI
Revisão técnica
JACIRA DE FREITAS
Caracteres gregos e transliteração do grego
ZELIA DE ALMEIDA CARDOSO

SÃO PAULO 2019

Esta obra foi publicada originalmente em francês com o título
LE VOCABULAIRE GREC DE LA PHILOSOPHIE
por Les Éditions Ellipses, Paris.
Copyright © Ellipses Éditions – Marketing S.A.
Copyright © 2007, Livraria Martins Fontes Editora Ltda.,
São Paulo, para a presente edição.

1ª edição 2007
2ª tiragem 2019

Tradução
IVONE C. BENEDETTI

Caracteres gregos e transliteração do grego
Zelia de Almeida Cardoso
Revisão técnica
Jacira de Freitas
Acompanhamento editorial
Maria Fernanda Alvares
Revisões gráficas
Letícia Braun
Marisa Rosa Teixeira
Dinarte Zorzanelli da Silva
Produção gráfica
Geraldo Alves
Paginação
Moacir Katsumi Matsusaki

Dados Internacionais de Catalogação na Publicação (CIP)
(Câmara Brasileira do Livro, SP, Brasil)

Gobry, Ivan, 1927-2017.
   Vocabulário grego da filosofia / Ivan Gobry ; tradução Ivone C. Benedetti ; revisão técnica Jacira de Freitas ; caracteres gregos e transliteração do grego Zelia de Almeida Cardoso. – São Paulo : Editora WMF Martins Fontes, 2007.

   Título original: Le vocabulaire grec de la philosophie.
   ISBN 978-85-60156-62-7

   1. Filosofia – Terminologia 2. Grego – Vocabulários, glossários, etc. I. Título.

07-6903   CDD-101.4

Índices para catálogo sistemático:
1. Vocabulário grego da filosofia   101.4

Todos os direitos desta edição reservados à
Editora WMF Martins Fontes Ltda.
Rua Prof. Laerte Ramos de Carvalho, 133 01325-030 São Paulo SP Brasil
Tel. (11) 3241.3677 e-mail: info@martinsfontes.com.br
http://www.wmfmartinsfontes.com.br

NOTA PRELIMINAR

Uma obra como esta exigia uma iniciativa em três campos:
• *Na escolha das palavras e na importância dos comentários que lhes são dedicados.* A língua filosófica dos gregos, empregada por numerosos autores, de Tales a Proclos, e abarcando uma quantidade enciclopédica de temas, exigia comentários numerosos e amplamente desenvolvidos; o volume que a acolhe aqui lhe propicia 164 páginas: um quarto daquilo que eu gostaria de ter-lhe dedicado, mas também aquilo que o editor pode oferecer de mais razoável.

Para um trabalho alentado, poderíamos pensar em 500 palavras. Neste contexto exíguo, sacrifico 130, todas contempladas por especialistas puros, mas cujo caráter estritamente técnico ou raro me permite dispensar sem remorsos. Para os grandes comentários, selecionei 88 palavras, aquelas que se encontram com mais freqüência nos textos e também oferecem matéria para maior desenvolvimento; para os comentários curtos, simplesmente definitórios, com um a três exemplos extraídos de autores representativos, introduzo 118 palavras, que sem dúvida são importantes, mas de uso menos freqüente; por fim, insiro no interior dos comentários mais longos menção explícita a 164 outras palavras, que completam o vocábulo desenvolvido. Com isso, obtemos **370** palavras, que são indispensáveis ou aconselháveis por complementarem as primeiras.

• *Na transliteração.* Como a maioria dos alunos que sai de nossos liceus não lê grego, para estes é preciso que a palavra original seja precedida de sua transliteração. Ora, existe uma transliteração clássica do grego, a que foi adotada pelos latinos e observada, mais tarde, na grafia das palavras francesas; mas, embora fonético para os latinos, esse método não o é exatamente para os franceses. Por exemplo, o ípsilon grego (Y, υ) é pronunciado como *y* em francês, mas o ditongo grego **ου** torna-se *u*, o que produz um som diferente em francês[1]. O mesmo ocorre com outros ditongos: αι ⇒ œ ⇒ é; ει ⇒ i; οι ⇒ œ. Foi necessário empregar equivalências que, sendo fonéticas, na medida do possível, se afastem o menos possível do uso. São as seguintes as correspondências, além das dos ditongos, que são exclusivamente fonéticas:

θ ⇒ *th* ⇒ **theós** (como em *théologie*)
χ ⇒ *ch* (oclusivo) ⇒ **arché** (como em *charisme*)[2]
γ ⇒ *g* (oclusivo) ⇒ **génos** (pronúncia: *guenos*)
Por outro lado, para conservar a pronúncia velar,
κ ⇒ *k* ⇒ **kínesis**[3]
As vogais longas são indicadas por acento circunflexo:
α̂ ⇒ â; η ⇒ ê; ι̂ ⇒ î; ω ⇒ ô; ου̂ ⇒ oû[4]

• *Na indicação das referências.* Para quem não está familiarizado com Platão, é trabalhoso acostumar-se com G = *Górgias*, F = *Fédon* etc. Transcrevemos inteiramente o nome da obra, salvo o de *República* = *Rep*. Do mesmo modo, quanto aos outros títulos curtos de obras, quando facilmente perceptíveis ou quando indicados apenas uma ou duas vezes, usa-se o nome por extenso. No que se refere a alguns autores, foram usadas abreviações usuais, que são as dos títulos latinos.

---

1. Em português o ípsilon grego (Y, υ) costuma ser grafado *y*, a menos que componha o ditongo ου, quando, então, o ditongo é transliterado também como ditongo (*ou*). Na transliteração das palavras gregas presentes no texto adotou-se esse procedimento: o ípsilon grego foi grafado *y*, e não *u* (*mýthos*), e o ditongo ου foi grafado *ou* (*ouránios*). (N. da R. do grego)
2. Em português a consoante χ foi transliterada como *kh* e não como *ch* (*arkhê*). (N. da R. do grego)
3. No presente texto o csi grego (ξ) foi transliterado como *x* e não como *ks* (*dóxa*). (N. da R. do grego)
4. Em português acentuou-se a sílaba tônica da palavra transliterada, independentemente da quantidade, mantendo-se o acento da palavra grega (agudo, grave ou circunflexo); a quantidade, o trema, o espírito doce e o iota subscrito não foram indicados; o espírito rude foi indicado por *h* inicial. (N. da R. do grego)

Aristóteles:
Anal. Pr.	= *Analytica Priora (Primeiros analíticos)*
Anal. Post.	= *Analytica Posteriora (Segundos analíticos)*
Cat.	= *Categorias*
De an.	= *De anima*
De caelo	= *(Do céu)*
De gen.	= *De generatione et corruptione*
De gen. an.	= *De generatione animalium*
De int.	= *De interpretatione*
Ét. Eud.[5]	= *Ética eudeméia*
Ét. Nic.[6]	= *Ética nicomaquéia*
Eth. Mag.	= *Ethica magna*
Fís.	= *Física*
Met.	= *Metafísica*
Poét.	= *Poética*
Pol.	= *Política*
Ret.	= *Retórica*
Tóp.	= *Tópicos*

Cícero:
Acad. Post.	= *Academica posteriora*
De fin.	= *De finibus*
De nat. deor.	= *De natura deorum*
Tusc.	= *Tusculanas*

Sexto Empírico:
Adv. log.	= *Contra os lógicos*
Adv. math.	= *Contra os matemáticos*
Adv. mor.	= *Contra os moralistas*
Adv. phys.	= *Contra os físicos*
Hypot.	= *Hipotiposes pirronianas*

Estobeu:
Ant.	= *Antologia*
Écl.	= *Éclogas*

Xenofonte:
Mem.	= *Memorabilia*

---

5. Única tradução conveniente: a obra não é dirigida a Eudemo, nem escrita *por* Eudemo: Eudemo é seu editor. O título grego é *Eudemeía*.
6. Única tradução conveniente: a obra não é dedicada a Nicômaco, nem escrita por Nicômaco: Nicômaco é seu editor. O título grego é *Nikomakheía*.

Quanto a alguns autores que só publicaram uma obra conhecida e freqüentemente citada, o título está subentendido: Aécio: *Placita* (trechos escolhidos dos filósofos); Diógenes Laércio (mencionado como D.L.): *Vidas, doutrinas e sentenças dos filósofos ilustres*; Plotino: *Enéadas*; Ateneu: *Deipnosofistas*. Tudo o que estiver indicado em **fr.** (= fragmento), sem especificação, corresponde aos fragmentos de Diels: *Fragmente der Vorsokratiker*.

Referências à *Metafísica* de Aristóteles
A: alfa maiúsculo = livro I
α: alfa minúsculo = livro II
B: beta = livro III
Γ: gama = livro IV
Δ: delta = livro V
E: épsilon = livro VI
Z: dzeta = livro VII
H: eta = livro VIII
Θ: teta = livro IX
I : iota = livro X
K: capa = livro XI
Λ: lambda = livro XII
M: mi = livro XIII
N: ni = livro XIV

adikía (he) / ἀδικία (ἡ), injustiça. v. dikaiosýne.

aeí / ἀεί, eternamente. Empregado freqüentemente como adjetivo.

Esses termos representam duração ilimitada à frente e atrás: o ser eterno não tem começo e nunca terminará.

O substantivo **aión (ho) / αἰών (ὁ)**, do qual derivou o adjetivo **aiónios**, tem um sentido indeciso: na maioria das vezes, *duração* (de uma vida, de um século), mas também *eternidade*. É nesse sentido que se encontra em Heráclito: **lógos aión**: Logos-eternidade (fr. 50).

Pitágoras fala do Deus eterno: **aídios theós** (Aécio, IV, VII, 5; Pseudo-Plutarco, *Epítome*, IV, 7). Mas seu discípulo Filolau prefere recorrer a **aeí**: Deus é eternamente subsistente (Fílon de Alexandria, *Criação do mundo*, 23); o mundo move-se eternamente em círculo (Estobeu, *Écl.*, XX, 2). Diógenes de Apolônia considera o ar como um corpo eterno (**aídion sôma**) (fr. 7, 8). Heráclito utiliza uma fórmula original e pleonástica: o universo (**kósmos**) era, é e será sempre (**aeí**) um fogo "eternamente vivo", numa única palavra: **aeízoon / ἀείζωον** (fr. 30). Para Anaxágoras, "o Espírito (**noûs**) existe eternamente", **aeí esti / ἀεί ἐστι**; pode-se traduzir também: "é eterno". Melisso recorre a duas fórmulas: o Uno é eterno: **aídion** (Simplício, *Fís.*, III, 18); mas também existe eternamente: **aeí esti** (*ibid.*). Platão emprega, por um lado, **aídios**, quando invoca a Substância eterna (**aídios ousía**[1]) ou os deuses eternos (**aídioi theoí**) (*Timeu*, 37e, c); por outro lado, **aiónios**, quando define o tempo (**khrónos / χρόνος**) como imagem móvel da eternidade (**aión / αἰών**): o modelo do mundo sensível é então eterno (**aiónios**), mas também um Vivente eterno (**zôon aídion**) (*ibid.*, 37d).

Aristóteles utiliza **aídios**, em especial quando trata da eternidade do movimento (*Fís.*, VIII, 1-2), e sobretudo do primeiro Motor: "O primeiro Motor é necessariamente uno e eterno": **anánke eînai hén kaì aídion tò prôton kinoûn:**

ἀνάγκη εἶναι ἕν καὶ ἀίδιον τὸ πρῶτον κινοῦν (*ibid.*, VIII, 6). Afirmação semelhante em *De caelo* (I, 12): o que é sem geração e sem corrupção é eterno. E o ato de Deus é a vida eterna: **zoè aídios** / ζωὴ ἀίδιος (*ibid.*, II, 3). Tem-se mais ou menos a mesma linguagem na *Metafísica* (Λ, 7): Deus é um Vivente eterno perfeito: **zôon aídion áriston** / ζῷον ἀίδιον ἄριστον, uma substância eterna: **ousía aídios** / οὐσία ἀίδιος.

Plotino escreveu um tratado intitulado *Da eternidade e do tempo*: **Perì aiônos kaì khrónou** / Περὶ αἰῶνος καὶ χρόνου (III, VII), no qual ele faz da eternidade um Ser da mesma natureza que os Inteligíveis.

1. Em grego, os adjetivos compostos, como **a-ídios**, **a-sómatos**, **a-thánatos**, têm feminino semelhante ao masculino.

agathón (tó) / ἀγαθόν (τό), o Bem. Latim: *bonum*.

Neutro substantivado do adjetivo **agathós** / ἀγαθός: bom. No superlativo, **tò áriston** / τὸ ἄριστον: *o Soberano Bem, sumo bem, supremo bem*. Latim: *summum bonum*.

Na filosofia grega, o Bem é o objetivo que se oferece à vida de todo homem. É ele a fonte da felicidade (**eudaimonía**), busca incessante da alma. Mas só o sábio pode atingir o Bem, pois só ele sabe usar convenientemente a razão. No entanto, nenhum filósofo (o que justifica o sentido dessa palavra: "aquele que ama a sabedoria", mas a busca sem a encontrar) parece ter chegado ao objetivo de sua busca, pois estão todos em desacordo quanto à natureza do Bem. Daí provém a riqueza da filosofia grega sobre esse tema. Escreve Aristóteles para resumir a opinião geral: "A ciência superior a todas as outras, aquela à qual elas estão subordinadas, é a ciência que conhece a finalidade para a qual se dá toda e qualquer atividade, que em cada ser é o seu bem, e, para todos, o Soberano Bem (**tò áriston**) na natureza universal" (*Met.*, A, 2, 982b).

A busca da natureza do bem é relativamente tardia. Os primeiros pensadores preocupam-se com a natureza e a origem do mundo: **pân**, **hólon**. É Pitágoras que põe o Bem no ápice da hierarquia dos seres, identificando-o com Deus, com o Espírito e com a Mônada geradora dos seres (Aécio, **I**, VII, 18). Assim se estabelece uma tradição filosófica que faz do Bem um princípio não moral ou econômico, mas essencialmente metafísico; ele sem dúvida inclui o bem como valor moral, mas também a Beleza, a Verdade e a felicidade; mais exatamente, transcende esses valores secundários e os valoriza: é o valor absoluto e originário.

Árquitas adotou uma atitude mais modesta e popular em seu livro *Tratado do homem bom e feliz*, abundantemente citado por Estobeu. Para Euclides de Mégara, aluno de Parmênides e de Sócrates, "o Bem é o Ser que é uno" (Cícero, *Acad. Post.*, II, 42); Diógenes Laércio oferece outra fórmula: "O Bem é o uno, embora seja também chamado por outros nomes: pensamento, Deus, Espírito" (II, 106).

Para Platão, "a Essência do Bem é o objeto da ciência mais elevada" (*Rep.*, VI, 505a). O Bem, de fato, "é causa daquilo que existe de justo e belo" (*Rep.*, VII, 517c); no mundo sensível, "ele criou a luz e o senhor da luz", ou seja, o sol; e, no mundo inteligível, "é ele que preside a verdade e a inteligência" (*Rep.*, VI, 508c-509a). Ele é "absolutamente perfeito (**teleótaton**) e sobrepuja todos os seres" (*Filebo*, 20d). "Está muito além da Essência em sua majestade e seu poder" (*Rep.*, VI, 509b). Desse modo, é inefável (*Rep.*, VI, 505a-506b); não é possível conceituá-lo: é preciso atingir o termo de uma ascensão (**anábasis**) do espírito (*Rep.*, VII, 519c-d). No homem, "é em vista do Bem que se fazem todas as ações" (*Górgias*, 468b), e sem ele tudo o que possuímos é inútil (*Rep.*, VI, 505a).

Em Aristóteles, o Bem identifica-se com o Primeiro Motor (*Met.*, K, 1), com o Ser necessário, com o Princípio, com o Pensamento autônomo, com o Ato subsistente que é Deus (*ibid.*, Λ, 7). Para o homem, o objeto primeiro da vontade racional é o Bem (*ibid.*). De tal modo que todas as artes e todas as ciências são dirigidas para o Bem (*Ét. Nic.*, **I**, I, 1); e o Soberano Bem (**áriston**) é o fim último tanto do indivíduo quanto do Estado (*ibid.*, **I**, II, 1-7). Portanto, ele adota numerosos aspectos. "Comporta tantas categorias quanto o Ser: como substância, o Soberano Bem chama-se Deus e Espírito; como qualidade, virtudes; como quantidade, justa medida" etc. (*ibid.*, **I**, VI, 3). Também é a finalidade única e perfeita que, possuída, constitui a felicidade; isso faz que ele deva ser buscado por si mesmo e por nada mais (*ibid.*, **I**, VII, 3-5). E, com uma inversão dos termos, Aristóteles conclui que o Soberano Bem é a felicidade (**eudaimonía**); e especifica: "o bem próprio ao homem é a atividade da alma em conformidade com a virtude" (*ibid.*, **I**, VII, 8-15; VIII, 8). Finalmente, esse Bem-felicidade consiste "em viver em conformidade com a parte mais perfeita de nós mesmos" (*ibid.*, **X**, VII, 8), que é o princípio divino da razão contemplativa (**epistemonikón**).

Para Epicuro, o bem é pouco metafísico, pois o bem primeiro e conatural (**agathòn prôton kaì syngenikón**) é o prazer: **hedoné** / ἡδονή (D.L., X, 128-129). O Soberano Bem que os estóicos propõem é ainda muito subjetivo. Na verdade, fazem dele um absoluto, preferível a tudo e não comparável a nada (Estobeu, *Écl.*, II, 6). Segundo Diógenes de Babilônia, ele é "o absoluto por natureza: *natura absolutum*" (Cícero, *De fin.*, III, 10). De fato, visto que é preciso dar um conteúdo a essa definição formal, encontram-se especificações até certo ponto decepcionantes: "Perfeição, segundo a natureza de um homem racional, na qualidade de homem racional" (D.L., VII, 94). "O que é útil" (*ibid.*, Sexto Empírico, *Adv. mor.*, II, 10; *Hypot.*, **III**, XXII, 169). Ou ainda, segundo Hecatão e Crisipo, a Beleza (D.L., VII, 100-101; Marco Aurélio, II, 1; Cícero, *Tusc.*, **V**, VII, 18; XV, 45; XXX, 84). Para Zenão de Cício, é a virtude (Sexto Empírico, *Adv. mor.*, III, 77; Cícero, *De fin.*, III, 11). Para Herilo de Cartago, o Bem é a ciência (**epistéme**) (Clemente de Alexandria, *Stromata*, **II**, XXI, 129; Cícero, *De fin.*, III, 9; D.L., VII, 165, etc.).

É Plotino quem confere ao Bem a importância metafísica mais considerável, a tal ponto, que ele está presente por toda parte em sua abundante obra. Princípio de todas as coisas, o Bem é idêntico ao Uno (**hén**), primeira Hipóstase (**II**, IX, 1). Ao mesmo tempo que é o melhor dos seres (**tò áriston tôn ónton**) (**VI**, VII, 23), está além do Ser e do Pensamento (**III**,

IX, 9), e da Beleza suprema (**I**,VI, 9). Tudo o que dele se pode dizer é que ele é a Vontade (**boúlesis** / βούλησις), pois é sua própria vontade que lhe dá existência (**VI**,VIII, 13) e é o poder de todas as coisas (**V**, IV, 1). O que ele engendra espontânea e diretamente é o Espírito, segunda hipóstase e seu primeiro ato (**I**,VIII, 1; **II**, IX, 1), Imagem do Bem, que pensa o Bem, pois o Bem não pensa (**V**,VI, 4; **VI**,VII, 40). Todos os seres participam do Bem (**I**,VII, 1); todas as coisas recebem dele beleza e luz (**VI**,VII, 31); ele é o Desiderato para o qual tendem todas as almas (**I**,VI, 7; **V**,V, 13; **VI**,VII, 25) e o quinhão do sábio, a quem ele basta (**I**, IV, 4).

Proclos, na esteira de Plotino, afirma que "o Bem é o princípio e a causa de todos os seres", e que, princípio de unidade, é idêntico ao Uno (*Teologia*, 12-13). Assim também, para Hermes Trismegisto, o Bem e Deus são dois termos intercambiáveis (II, 38).

Em *Política* (**I**, I, 1), Aristóteles chama o Soberano Bem (da comunidade) de **tò kyriótaton** / τὸ κυριότατον, de **kýrios** / κύριος: senhor, soberano (na liturgia cristã: Senhor = Deus).

agénetos / ἀγένητος: sem começo.

Em Platão, é a essência (**eîdos**) (*Timeu*, 52a[1]) e a alma humana (*Fedro*, 245e); em Aristóteles, a matéria (*Fís.*, I, 9).

1. Aqui, ortografia: **agénnetos**: ἀγέννητος.

aídios / ἀΐδιος: eterno.

aiónios / αἰώνιος: eterno.

aísthesis (he) / αἴσθησις (ἡ), sensação. Latim: *sensus.*

Essa palavra tem dois sentidos:
– faculdade de sentir: sensibilidade;
– ato de sentir: sensação.

Além disso, contém não somente o que chamamos de *sensação* (conhecimento sensorial de uma qualidade), mas também o que chamamos *percepção* (conhecimento sensorial de um objeto).

Aristóteles distingue nitidamente os dois sentidos: diz ele que o termo pode significar sentir em potência (ter a faculdade) ou sentir em ato. No ato, constata-se uma ação do semelhante sobre o semelhante: o olho vê o visível, o ouvido ouve o audível (*De an.*, II, 5). Esse objeto que recebe a ação é o sentido: **aisthetón** (αἰσθητόν). É dessa palavra que vem o francês *esthétique* (estética); é de uma filosofia do conhecimento sensível que Kant trata em sua *Estética transcendental* (*Transzendentale Aesthetik*), primeira parte da *Crítica da razão pura*.

Nos sistemas do conhecimento, a sensação ocupa o nível mais baixo. Na *República* (VI, 508b, 511c) e no *Teeteto* (186b-187a), Platão opõe a sensação, conhecimento do corpo, à ciência, conhecimento da alma. No início da *Metafísica* (A, 1), Aristóteles constata que a sensação é comum ao homem e ao animal, enquanto o raciocínio e a técnica pertencem apenas ao homem. Por outro lado, para Epicuro, todos os nossos conhecimentos provêm das sensações; e o conhecimento sensorial permanece como critério de verdade em sua ordem, pois a razão não pode refutá-lo (D.L., X, 31-32). Em seu pequeno tratado *Da sensação e da memória* (**IV**, VI), Plotino aplica-se a mostrar, contrariando a concepção materialista de Aristóteles e dos estóicos, que a sensação não imprime nada no sujeito, mas é devida a uma faculdade ativa da alma.

aísthesis koiné / αἴσθησις κοινή, senso comum.

Tem por objeto os sensíveis comuns: tà koinà aisthetá / τὰ κοινὰ αἰσθητά.

aitía (he) / αἰτία (ἡ): causa. Latim: *causa*. Mais raramente: **aítion (tó) / αἴτιον (τό)**

Esse substantivo feminino e esse adjetivo neutro substantivado, usados pelos filósofos a partir de Platão, derivam do qualificativo **aítios** (αἴτιος), que significa "autor de": um homem de bem é autor de uma ação virtuosa, em geral de uma vitória. É desse termo que vem a palavra francesa *étiologie* (etiologia): procura das causas.

Segundo seu hábito, Aristóteles procurou definir as causas, e não a causa. Na *Física* (II, 7, 198a), chega ao célebre quarteto que será adotado no século XIII pelos escolásticos:

– Matéria (**hýle**), ou seja, aquilo de onde saiu a coisa; por exemplo, o bronze para a estátua.
– Forma (**eîdos**), ou seja, a própria natureza da coisa; por exemplo, a figura da estátua.
– Motor (**kinêsan**), ou seja, o autor da mudança; por exemplo, o escultor.
– Finalidade (**tò hoû héneka**), ou seja, aquilo por que ocorre a mudança; por exemplo, a razão que impele o escultor a esculpir.

Aristóteles reincide na *Metafísica*, fazendo menção a **aitía** em seu apanhado histórico (A, 3), dedicando-lhe uma nota em seu vocabulário filosófico (Δ, 2) e no livro VIII sobre a matéria (H, 4). Alexandre de Afrodísia retoma essa exposição em seu tratado *Do destino* (III).

A noção de *causa primeira* (**aitía próte**) ocupa lugar importante entre os filósofos gregos. Confunde-se com a noção de *princípio* (**arkhé**), mas aparece sob diferentes formas. Assim, em *Fédon* (97c), Sócrates espera encontrar "a causa de todas as coisas" (**aítion pánton**). Em *Timeu* (29a), Platão considera que o mundo, que é a mais bela das coisas, requer um autor que seja a mais perfeita das causas (**áriston tôn aitiôn**). Distingue então duas espécies de causa: aquelas que, pela ação da inteligência, produzem o que é bom e belo; e aquelas que, privadas de racionalidade, agem por acaso (48e).

Do mesmo modo, Aristóteles constata que o filósofo, para explicar o conjunto das causas segundas, deverá remontar até a causa eficiente primeira, que ele chamará de primeiro Motor (*Fís.*, II, 3, 195b); este, confundindo-se com a Inteligência e o Bem, é ao mesmo tempo a causa final última. Desse modo, Deus é o primeiro Princípio (*Met.*, Δ, 6-7, 1071b-1072b).

Plotino concorda em parte com Aristóteles quando afirma que tudo ocorre por causas, e causas naturais; e que essa ordem e essa razão se estendem às mínimas coisas (**IV**, III, 16). Mas difere dele em sua classificação das causas: é preciso fazer a distinção entre causa dos seres e causa dos acontecimentos. No que se refere à primeira, há duas espécies de ser: aqueles que não têm causa, porque são eternos, e aqueles que têm sua causa nesses seres eternos (**III**, I, 1). Quanto aos acontecimentos, são de duas espécies: aqueles que são produzidos fora de nós, por causas exteriores à nossa vontade, fazendo parte da ordem natural, e aqueles que provêm de nossa interioridade (**III**, I, 10).

akínetos / ἀκίνητος, imóvel.

De *kinô*, eu movo, com *a* privativo. O termo está em Filolau: "o Uno é eternamente imóvel" (em Fílon de Alexandria, *Criação do mundo*, 23); em Platão, o Ser é ao mesmo tempo imóvel e móvel (*Sofista*, 249d); em Aristóteles: o primeiro Motor é imóvel (*Fís.*, VIII, 5).

ákon / ἄκων: involuntariamente, contra a vontade.

akoúsios / ἀκούσιος, involuntário.

"Aqueles que fazem o mal fazem-no sempre contra a vontade" (Platão, *Górgias*, 509e). "Cada um peca involuntariamente" (Epicteto, *Leituras*, **I**, XVIII, 14).

alétheia (he) / ἀλήθεια (ἡ): verdade. Latim: *veritas*.

Entende-se por **alethés** o que é incontestável, seja nos fatos (*real, verdadeiro*), seja nas palavras (*evidente* do ponto de vista da lógica, *verídico* do ponto de vista do sujeito que afirma).

A filosofia tem por objeto último atingir a verdade. O filósofo, segundo Platão, é "apaixonado pelo Ser e pela verdade" (*Rep.*, VI, 501d); seu programa é impelir a alma para atingir a Verdade em si mesma (*ibid.*, VII, 526b). Para Aristóteles, a filosofia é "a ciência da verdade": **epistéme tês aletheías** /

ἐπιστήμη τῆς ἀληθείας (*Met.*, α, 1, 993b). Para Plotino, o desejo fundamental da alma é encontrar, para além de todas as outras formas do Ser, "aquilo que é mais verdadeiro que o verdadeiro" (**VI**, VII, 34).

• *Verdade ontológica*. Para Parmênides, há dois caminhos para a pesquisa: a opinião, que conduz ao não-ser, e o pensamento (**nóema** / νόημα), que conduz ao Ser, ou seja, à verdade (fr. I, 30, II, 1-8, VIII, 39-40, 50-52). Para Platão, a Verdade nos é freqüentemente apresentada como aquilo que existe para além dos sentidos e do mundo sensível. A alma "atinge a verdade" quando, graças ao raciocínio, ela vê que os Seres (**tà ónta** / τὰ ὄντα) se lhes revelam (*Fédon*, 65-bc); é esse desejo de verdade que a lança à cata dos Seres (*ibid.*, 66a); pois o objeto de nossos profundos desejos é a verdade (*ibid.*, 66b). Por isso, aquele que orienta assim a sua busca é o verdadeiro filósofo; textualmente: "o verdadeiramente filósofo": **alethôs philósophos** / ἀληθῶς φιλόσοφος (*ibid.*, 64b e). Do mesmo modo, existe uma *opinião verdadeira*, **alethès dóxa*** / ἀληθὴς δόξα, que nos conduz ao bem real que deve ser praticado neste mundo (*Mênon*, 98c). Para Aristóteles, a verdade consiste em conhecer o Ser em si: **tò ón autó** / τὸ ὄν αὐτό (*Met.*, Θ, 10). Para Epicuro, o critério da verdade são as sensações (D.L., X, 31). Para Plotino, a verdade se realiza na visão do Bem: **tò agathón** / τὸ ἀγαθόν. (**VI**, VII, 34).

• *Verdade lógica*. Platão nos mostra Sócrates pronto a reiniciar a discussão, pedindo aos ouvintes que se preocupem com a verdade (*Fédon*, 91c). Segundo Aristóteles, o estudo das categorias é distinguir o verdadeiro do falso (*Cat.*, IV); é também o objeto do tratado *Da interpretação* (*De int.*, I). Em *Metafísica* (E, 4) e no tratado *Da interpretação* (I), ele aborda o sentido do Ser como verdadeiro, oposto ao não-ser como falso (**pseudés** / ψευδής); e, adiante (Θ, 10), pede que se examinem o Ser e o não-ser, que correspondem ao verdadeiro e ao falso, segundo as diferentes espécies de categoria; depois (K, 8), faz da verdade do Ser um exercício do pensamento. Para Epicteto, "a natureza de nossa razão é aquiescer à verdade" (*Leituras*, I, XXVIII, 4).

• *A negação da verdade.* Aristóteles relata que, segundo Heráclito, "tudo é verdadeiro e tudo é falso" (*Met.*, Γ, 8) e, segundo Demócrito, "nada é verdadeiro, ou então a verdade não nos é acessível" (*Met.*, Γ, 5). Ao contrário, Protágoras afirma que "tudo é verdadeiro" (Sexto Empírico, *Adv. log.*, I, 60). O próprio Sexto, por sua vez, raciocina assim: Se digo "tudo é falso", entendo que essa proposição é verdadeira; entendo o mesmo se digo: "Nada é verdadeiro." Assim, afirmam-se ao mesmo tempo o verdadeiro e o falso (*Hypot.*, I, 7). Finalmente, não existe critério algum de verdade (*ibid.*, II, 4).

* Na transliteração de palavras gregas que tenham ξ (csi), pode-se optar pelas equivalências sonoras *ks* ou *x*. Optamos por *x* uma vez que muitas dessas palavras (*dóxa, ataraxía, práxis*) se mantêm em português. (N. da R. do grego)

alethés / ἀληθής: verdadeiro, veraz.

alloíosis (he) / ἀλλοίωσις (ἡ): alteração.

De **állos** / ἄλλος: *outro*. Uma das formas da mudança (μεταβολή) em Aristóteles. Definição: "Uma mudança nas afecções de um substrato (**hypokeímenon**) que continua idêntico e perceptível" (*De gen.*, IV). Aristóteles trata disso também na *Física* (VII, 3). Platão, com a translação (**phorá**), faz da alteração uma das duas espécies do movimento (*Teeteto*, 181a, 182c).

anámnesis (he) / ἀνάμνησις (ἡ): reminiscência, anamnese.

Num famoso trecho do *Mênon* (82a-86c), Sócrates, interrogando habilmente um jovem escravo ignorante, consegue fazê-lo chegar ao princípio pitagórico da duplicação do quadrado. Conclui daí que "a verdade existe desde sempre em nossa alma" (86b). Finalmente, "todo saber é reminiscência" (81d); no *Fédon* (72e-78a), isso possibilita um argumento a favor da imortalidade da alma. Teoria adotada por Plotino (**IV**, III, 25: **V**, IX, 5).

anánke (he) / ἀνάγκη (ἡ): necessidade. Latim: *necessitas*.

Primitivamente: "decreto inexorável dos deuses" (Empédocles, fr. 125 e 126).

Empregado depois em sentido filosófico (Platão, Aristóteles, Epicuro, estóicos).

Aristóteles dedica uma nota à *anánke* em seu léxico filosófico, (*Met.*, Δ, 5) na forma do qualificativo neutro **anankaîon / ἀναγκαῖον**: o necessário. E dá cinco sentidos:

– Condição (**synaítion / συναίτιον**). Ex.: alimento para o ser vivo, que não pode subsistir sem ele.
– Coerção (**bía / βία**).
– Impossibilidade de ser de outro modo: é a mãe das necessidades.
– Necessidade lógica, extraída da demonstração; é **apódeixis / ἀπόδειξις**.
– Necessidade metafísica. Aristóteles diz: o simples (**tò haploûn / τὸ ἁπλοῦν**).

De fato, está ligado aos seres eternos e "imóveis" (ou seja, sem mudanças). Encontra-se, aliás, essa necessidade na oposição entre o ser necessário, sempre semelhante, e o ser por acidente, fadado à mudança (*Met.*, E, 2). O mesmo ocorre para encontrar a existência do primeiro Motor; tudo é movido por outro, e não por si mesmo; ora, do movido ao motor (do efeito à causa), não se pode remontar infinitamente; "é, pois, necessário parar". É o famoso **anánke hístasthai / ἀνάγκη ἵστασθαι** (*Fís.*, VIII, 5).

Platão, como de hábito, não apresenta uma exposição didática sobre esse termo. Emprega-o nos sentidos mais diversos: de destino, para a sorte das almas (*Fédon*, 86c); de inclinação entre os sexos (*Rep.*, V, 458d); de coerção política (*Rep.*, V, 519e); de determinismo cósmico (*Fédon*, 97e; *Pol.*, 269d; *Timeu*, 46e); de necessidade metafísica (*Fédon*, 76 d-e; *Fedro*, 246a; *Timeu*, 42a). Aristóteles distingue a necessidade matemática (a soma dos ângulos do triângulo é igual a dois ângulos retos), que é de ordem racional, e a necessidade física, que é de ordem sensível (*Fís.*, II, 9).

Os estóicos utilizam abundantemente a noção de *anánke*, pois, em seu sistema, tudo é necessário; e a necessidade é ao mesmo tempo metafísica e cósmica, pois, como Deus é ao mesmo tempo o mundo, a necessidade de sua existência pertence às duas ordens. "Tudo o que ocorre – escreve Marco Aurélio – é necessário (II, 3)." A Inteligência universal tomou uma única decisão, e tudo decorre dela por via de conseqüência (V, 10; VI, 9; VIII, 5; IX, 28). Sábio é "aquele que tem a virtude de se submeter à necessidade" (Epicteto, *Manual*, LIII, 2).

Epicuro construiu sua sabedoria com base na distinção dos prazeres: uns são naturais e necessários; outros naturais, mas não necessários; outros não são naturais nem necessários (*Máximas*, 29).

andreía (he) / ἀνδρεία (ἡ): coragem. Latim: *fortitudo*.

Feminino substantivado do adjetivo **andreîos** / ἀνδρεῖος: masculino, viril, derivado de **anér** / ἀνήρ (gen. *andrós*): o homem masculino. **Andreía** é, em primeiro lugar, a coragem do guerreiro, bravura, valentia. Tornou-se depois virtude interior de força para o bem.

A maioria dos moralistas gregos pôs a coragem entre as principais virtudes, considerando que o bem não é fácil de fazer, exigindo da parte de um indivíduo de qualquer sexo esforço de aquisição e esforço de resistência ao mal. *v.* **areté**.

Platão, ao mesmo tempo que admite a coragem entre as principais virtudes (*Protágoras*, 329c-e, 361b; *Fédon*, 67b, 68b-e), atribui-lhe um papel muito preciso, que é o do sentido inicial: é a virtude dos guardiães da Pólis; no entanto, ele a situa numa hierarquia das virtudes, entre a sabedoria acima e a temperança abaixo, dando-lhe como função própria do indivíduo regular o coração: **thymós** (*v. essa palavra*), sede do sentimento da cólera (*Rep.*, IV, 430b-c, 442b-c).

Aristóteles insere a coragem no quadro das virtudes, mostrando que ela é o meio-termo justo entre o medo e a temeridade (*Ét. Nic.*, **II**, VII, 2), e distinguindo seis espécies de coragem (*Ét. Nic.*, **III**,VI-IX; *Ét. Eud.*, **III**, I; *Eth. Mag.*, **I**, XX). Zenão de Cício, imitando Platão, põe a coragem entre quatro virtudes principais (Plutarco, *Contradições dos estóicos*, VII), no que é imitado pelos outros estóicos (D.L.,VII, 92).

ánthropos (ho) / ἄνθρωπος (ὁ): homem.

Como espécie, oposto ao animal (oposto à mulher, diz-se **anér** / ἀνήρ; gen.: **andrós**). Em Aristóteles, substância composta, na qual "a alma é causa e princípio do corpo vivo" (*De an.*, II, 4), à qual se soma uma alma intelectual (*ibid.*, III, 4, 10, 11).

antikeímenos / ἀντικείμενος: oposto. Plural: antikeímena (ἀντικείμενα), neutro substantivado.

De **keímenos**, particípio do verbo **keîmai** / κεῖμαι: sou posto, e **antí** / ἀντί, em face. Os opostos constituem uma categoria lógica estudada por Aristóteles nas *Categorias* (X) e na *Metafísica* (Δ, 10). Distingue quatro espécies: os relativos (**prós ti** / πρός τι), como duplo e metade; os contrários (**enantía** / ἐναντία), como mal e bem; a privação (**stéresis** / στέρησις) e posse (**héxis** / ἕξις), como cegueira e visão; a afirmação (**katáphasis** / κατάφασις) e negação (**apóphasis** / ἀπόφασις).

antíphasis (he) / ἀντίφασις (ἡ): contradição.

Lógica. "Oposição entre uma afirmação (**katáphasis**) e uma negação (**apóphasis**)" (Aristóteles, *De int.*,VI).

antíthesis (he) / ἀντίθεσις (ἡ): oposição, antítese.

Lógica. Nas *Categorias* (X), Aristóteles distingue quatro espécies de oposições: contradição (**antíphasis**), contrariedade (**enantíosis**), relação (**prós ti**) e posse-privação (**héxis** / ἕξις; **stéresis** / στέρησις).

aóristos / ἀόριστος: indeterminado.

O movimento é algo indeterminado (Aristóteles, *Fís.*, III, 2). A matéria é indeterminada (Plotino, **II**, IV, 14).

apathés / ἀπαθής: impassível, insensível. Latim: *impatiens*.

De **páthos** / πάθος, paixão, fato de sofrer; e o prefixo privativo **a-**: sem paixão.

O termo tem dois sentidos:

– *metafísico*: impassível = que não pode receber nenhuma afeição.
– *moral*: insensível = livre das paixões. Esse estado é então a **apátheia** / ἀπάθεια, impassibilidade, apatia.

• *Sentido metafísico*. Entre os pré-socráticos, "Anaxágoras – escreve Aristóteles – é o único que afirma que o Espírito é impassível" (*De an.*, I, 2; III, 4). O próprio Aristóteles ensina que o intelecto separado (**noûs khoristós** / νοῦς χωριστός) é impassível (*ibid.*, III, 5). Plotino escreveu um tratado *Da impassibilidade dos incorpóreos* (**asómata**) (**III**, VI), onde defende a teoria de que a matéria sensível, como substrato dos corpos, é um incorpóreo, pois precede o corpo e faz dele um composto; ela é, portanto, impassível (**III**,VI, 7). Assim também, a alma do mundo é impassível (**II**, IX, 18).

• *Sentido moral*. É encontrado especialmente nos estóicos (*stoïque*, em francês, significa impassível). O filósofo torna-se sábio quando se livra das paixões (Epicteto, *Leituras*, **III**, XIII, 11; *Manual*, **III**, XXIX, 6-7). Plotino considera que os demônios podem sofrer por sua parcela irracional; o sábio alcança a insensibilidade (**IV**, IV, 43).

ápeiron (tó) / ἄπειρον (τό): indeterminado, informe.

Neutro substantivado de **ápeiros**: indeterminado. É o negativo de **péras**, limite, termo, que deriva de **peráo**, terminar, concluir, aperfeiçoar. **Ápeiron**, portanto, é metafisicamente a idéia de um ser informe ou inacabado; em lógica, é a idéia de um ser indeterminado, indefinido e indefinível, sem conteúdo próprio.

Os primeiros pensadores gregos, jônios, empregam o termo em sentido cosmológico. **Ápeiron** é a matéria primitiva, indeterminada, que não é nenhum elemento preciso, mas do qual saem todos os elementos. Portanto, é preciso evitar traduzir o termo por *mistura*, pois uma mistura é *a posteriori*, ao passo que o caos original é potencialmente múltiplo, mas atualmente simples. O segundo chefe da escola milésia, Anaximandro, sucessor de Tales, vê o **ápeiron** como origem de todos os outros seres (Aristóteles, *Fís.*, I, 4, 187a; D.L., II, 1). Depois dele, Anaxágoras apresenta como princípio original os *homeômeros*, partículas totalmente semelhantes, indiferenciadas e indiscerníveis, que ele qualifica também de **ápeiron** (fr. 1 e 4) e às vezes de mistura: **sýmmixis** (fr. 4).

Os pensadores gregos itálicos, embora jônios de origem, dão um sentido metafísico ao termo. Em Pitágoras e discípulos, a categoria fundamental da ontologia é o par **péras/ápeiron**, ou seja, acabado e inacabado, perfeito e imperfeito; o primeiro termo convém à Mônada, ou Uno primitivo; o segundo, à Díade, ou ser segundo engendrado pelo primeiro; aqui temos, pois, ao contrário dos jônios, um **ápeiron** derivado, e não original.

Platão segue as pegadas de Pitágoras. Em *Filebo* (15b-27e), as coisas em devir são indeterminadas e inacabadas, enquanto o mundo inteligível é acabado.

Na esteira desses diversos pensadores, Aristóteles dedica à noção de **ápeiron** cinco capítulos de sua *Física* (III, 4 a 9) para tentar extrair das diversas noções preexistentes uma noção comum; mas, embora consiga formular convenientemente as teorias dos jônios, não consegue encontrar uma definição comum e apresenta seis definições contestáveis.

Nossos contemporâneos, na esteira de Hermann Diels (*Doxographi Graeci*, 1879; *Fragmenta der Vorsokratiker*, 1903), traduzem habitualmente **ápeiron** por *infinito* (alemão *unendlich*[1]). É um grande contra-senso, que torna ininteligíveis os textos. Vejamos algumas dessas incongruências. "Para Anaximandro, o primeiro princípio era o infinito, sem especificar, porém, se era o ar, a água ou outra coisa" (tradução de Diógenes Laércio [II, 1] em *Les Penseurs grecs avant Socrate* [Garnier, 1941]). Onde está o nexo? Ora, Aristóteles explica que para Anaximandro "tudo sai do *caos*: **mígma**" – ou seja, da mistura primitiva. Outra incongruência: Para Anaxágoras, "há uma *infinidade* de homeômeros" e "ele defende a infinidade que leva a supor a mistura primitiva" (tradução da *Física* de Aristóteles, I, 4, na edição de Belles-Lettres). Onde está o nexo? Mais uma: Anaxágoras "admite princípios em *número infinito*. Quase todas essas coisas são formadas, segundo diz, por princípios semelhantes" (tradução da *Metafísica* de Aristóteles, A, 3, edição Vrin). Onde está o nexo? Plotino (**I**, VIII, 3; **II**, IV, 13) apresenta uma equivalência entre **ápeiron** e **aóriston**, que quer dizer indefinido. Em outro domínio, Aristóteles, opondo arte e ciência, constata que a arte, que tem por objeto as realidades singulares, é **ápeiron**, indefinida, porque não comporta *definições*, ao passo que a ciência, que tem por objeto o universal, formula definições (*Ret.*, **I**, II, 6).

De fato, os jônios, herdeiros de uma tradição grega muito pobre nesse domínio, viajando para os territórios dos vizinhos mesopotâmios, fenícios e egípcios, encontraram os mitos do caos primitivo, comuns às antigas civilizações do Mediterrâneo oriental.

1. No entanto, Nietzsche traduz corretamente: *das Unbestimmte*.

áphthartos / ἄφθαρτος: incorruptível. Latim: *incorruptus*.

Composto de **phthartós**, corruptível, e do prefixo privativo a / ἀ. Caráter dos seres indestrutíveis.

Esse caráter está ligado à eternidade. Os seres cuja substância nunca foi tocada pela mudança e existem desde sempre não podem perecer. São, pois, aqueles que existem fora do mundo sensível, já que os seres sensíveis estão sujeitos à corrupção.

"Pitágoras e Platão", escreve Aécio, "ensinam que a alma racional (**tò logikón** / τὸ λογικόν) é incorruptível" (**IV**, VII, 5). "O primeiro Motor (**tò prôton kinoûn** / τὸ πρῶτον κινοῦν) – diz Aristóteles – é sem geração e sem corrupção" (*Fís.*, VIII, 3). Por outro lado (*De caelo*, I, 3), o céu "é inengendrado e incorruptível" (mesma afirmação I, 10; 11). Entre os estóicos, o mundo é uma divindade incorruptível (D.L., VII, 137).

apódeixis (he) / ἀπόδειξις (ἡ): demonstração.

Lógica. Silogismo científico, que deve partir de premissas verdadeiras (Aristóteles, *Anal. Post.*, II, 1).

apóphansis (he) / ἀπόφανσις (ἡ): proposição.

Lógica. Enunciado de um juízo, que afirma ou nega que um predicado (**kategórema**) é atribuído a um sujeito (**hypokeímenon**). Aristóteles, em *De interpretatione* (V-VIII), faz um exame das diversas espécies de proposição.

apóphasis (he) / ἀπόφασις (ἡ): negação.

Lógica. "Declaração de que uma coisa está separada de outra coisa" (Aristóteles, *De int.*, VI). Mais exatamente, afirmação de que um predicado (**kategórema**) não está incluído num sujeito.

areté (he) / ἀρετή (ἡ): virtude. Latim: *virtus.*

Esse termo, como em latim *virtus*, possui duplo sentido: físico e moral. Por isso, para certos etimologistas, deriva de **áres** que, quando nome próprio, designa o deus da guerra (o Marte dos latinos) e, quando substantivo comum, significa combate e coragem. Da raiz **ar-** tem-se **áristos** / ἄριστος: valente, valoroso, mas também **ársen** / ἄρσην: varão, viril, donde, forte, corajoso; e, provavelmente, **árkho** / ἄρχω, comandar, deter o poder; e **arô** / ἀρῶ: semear, fecundar (donde: instrumentos aratórios). A virtude, portanto, no sentido moral é força da alma tendente ao bem.

Como ressaltou Aristóteles, a virtude não é uma seqüência ou uma repetição de atos, embora a ação seja a marca de um sujeito moral. Ela é "uma disposição (**héxis** / ἕξις) adquirida voluntariamente" (*Ét. Nic.*, **II**, VI, 15). Entenda-se com isso que, por um lado, em sendo adquirida, ela não é fruto de boas disposições naturais, mas de um esforço; e, em sendo disposição, é o estado de um sujeito continuamente disposto a agir moralmente.

Os jônios não estavam preocupados com o tema da virtude, que, ao contrário, é muito desenvolvido nos pitagóricos. Segundo Pitágoras, ela é harmonia da alma, tal como a saúde é harmonia do corpo (D.L., VIII, 33), e os neopitagóricos Teages e Métope redigiram um tratado *Da virtude* (**Perì aretês** / Περὶ ἀρετῆς). Xenofonte nos mostra Sócrates incentivando os discípulos a praticar a virtude (*Mem.*, **I**, VII, 1), mais pelo seu exemplo do que por seu ensinamento (*ibid.*, **I**, II, 3).

Platão apresenta, inicialmente, em *Mênon* (97b-100b), uma virtude de tipo socrático praticada no mundo sensível, por meio da ação, inspirada por um favor divino e definida como opinião verdadeira (*v*. **dóxa**); depois, na *República* (IV, 429e-441c), ele distingue três espécies de virtude em função, ao mesmo tempo, das potências da alma e das classes sociais; ou seja, há três potências da alma: a concupiscência (**epithymía** / ἐπιθυμία), que tem sede no ventre e preside a vida vegetativa; o coração (**thymós** / θυμός), que tem sede no peito e preside a vida afetiva (poder-se-ia chamar essa tendência de "impulso espontâneo para os valores"); por fim, a razão (**lógos** / λόγος), que tem sede na cabeça e preside a vida intelectual. A harmonia da alma e a da sociedade precisam de três virtudes, ao mesmo tempo específicas e hierarquizadas:

– temperança (**sophrosýne** / σωφροσύνη), que regra a concupiscência e é própria da gente do povo;
– coragem (**andreía** / ἀνδρεία), que regra o coração e é própria dos guerreiros;
– sabedoria (**sophía** / σοφία), que regra a razão e é própria dos governantes.

Uma quarta virtude, a justiça (**dikaiosýene** / δικαιοσύνη), é necessária à alma inteira e às três classes, pois é ela que garante a harmonia no indivíduo e na pólis.

Essas quatro virtudes platônicas costumam ser chamadas "virtudes cardeais". Encontram-se vários esboços delas antes da *República*; no *Protágoras* (349b): justiça, sabedoria, santidade e coragem são quatro aspectos de uma virtude única, às quais se soma, adiante, a temperança (361b); em *Fédon*, aparecem dois trios: coragem, sabedoria e justiça (67b) e temperança, justiça e coragem (68b-e).

Aristóteles, por sua vez, estabelece duas virtudes de acordo com as partes da alma; é grande, porém, a diferença em relação a Platão. Este dá à opinião, à concupiscência e ao coração, que são infra-racionais, a capacidade de exercer a virtude; Aristóteles situa os dois níveis da virtude na alma racional (*v.* **psykhé**); pois a virtude, se é adquirida, é adquirida racionalmente; mas não é fruto de uma razão teórica, que tende à verdade, e sim de uma razão prática, que tende à ação (*Ét. Nic.*, **VI**, II, 1-3).

A parte racional da alma tem dois estágios. O superior é o **epistemonikón** / ἐπιστημονικόν, que é para Aristóteles aquilo que a **nóesis** é para Platão, ou seja, a razão intuitiva; o inferior é o **logistikón** / λογιστικόν, que é para Aristóteles aquilo que a **diánoia** é para Platão, ou seja, a razão raciocinante. A primeira é sede das virtudes dianoéticas ou contemplativas; a segunda é sede das virtudes éticas ou ativas (*ibid.*, **II**, I) e, como tais, deliberativas (*ibid.*, **VI**, I, 6).

A virtude ética (**ethiké** / ἠθική) manifesta-se pelas seguintes características: é uma **prâxis**, hábito adquirido racionalmente, que leva constantemente a fazer o bem (*Ét. Nic.*, **II**, VI, 15); ela é justa medida (**mesótes** / μεσότης), como meio-termo entre dois males, um por excesso, outro por falta; por exemplo, a coragem é o meio-termo entre o medo e a temeridade (**II**, VIII-IX); ela é voluntária, objeto de escolha refletida (**proaíresis** / προαίρεσις) (*ibid.*, **III**, II-V). Por essa razão, a virtude moral fundamental é a prudência (**phrónesis** / φρόνησις), virtude do homem que enfrenta as dificuldades humanas (**X**, VIII, 3), que pratica a habilidade na ação. As outras virtudes morais são: coragem, temperança, liberalidade, munificência, magnanimidade, brandura, pudor e justiça (*ibid.*, **III**, VI-XII, **IV**, I-VII, **V**).

A virtude dianoética (**dianoetiké** / διανοητική), virtude do sábio que chegou ao ápice do conhecimento e não é dependente de seu corpo nem do mundo sensível, consiste na contemplação intelectual (**theoría** / θεωρία), que lhe garante a felicidade (**eudaimonía** / εὐδαιμονία) (*ibid.*, **X**, VI-VIII). Ao contrário de Platão, Aristóteles considera que o homem público, para cumprir corretamente sua função, não precisa das virtudes do homem privado (*Pol.*, **III**, IV, 3).

Para os estóicos, a virtude é equivalente ao bem (Sexto Empírico, *Adv. mor.*, III, 77) e leva ao soberano Bem (Cícero, *De fin.*, III, 11). Consiste na harmonia da alma com a ordem do universo (Sêneca, *De vita beata*, VIII; Clemente de Alexandria, *Stromata*, **II**, XXI, 129; D.L., III, 165). A virtude é uma totalidade: ou se é inteiramente virtuoso ou não se é (D.L., VII, 90; Cícero, *Acad. post.*, I, 10). No entanto, os estóicos admitem que é possível distinguir certo número de virtudes. Zenão retoma as quatro virtudes cardeais de Platão (Plutarco, *As contradições dos estóicos*, VII). Outros distinguem as virtudes primárias (cardeais) das virtudes secundárias: magnanimidade, autodomínio, paciência, ardor, discernimento (D.L., VIII, 92).

Plotino dedicou um pequeno tratado às virtudes: o segundo da *I Enéada*. Nele, a virtude é definida como semelhança com Deus; chega-se a ela por meio da **kátharsis**, graças à qual a alma humana se torna puro espírito. O autor aplica essa definição à sabedoria, à prudência, à justiça, à coragem e à temperança, que já estão eternamente no Espírito como modelos (**I**, II, 7). Volta ao tema no 6º tratado da *III Enéada*, mostrando que a virtude consiste "em cada parte da alma tornar-se semelhante à sua essência, obedecendo à razão" (**III**, VI, 2).

aristokratía (he) / ἀριστοκρατία (ἡ): **aristocracia.**

Em Platão, governo da razão e da virtude, realizado pelos sábios (*Rep.*, VIII, 544e, 545d, 547c). Aristóteles só a cita de passagem (*Pol.*, IV, 7).

áriston (tó) / ἄριστον (τό): **Soberano Bem.** v. agathón.

Empregado por Pítaco (*Apotegmas*, 10).

arithmós (ho) / ἀριθμός (ὁ): **número.** Latim: *numerus*.

Noção importante para os filósofos, pois o número é uma pura abstração, obtida pela razão (na maioria das vezes, **diánoia**) a partir das realidades.

O ensino da aritmética era já muito desenvolvido nas escolas filosóficas, sobretudo entre os pitagóricos e na Academia platônica; mas parece que era dado em um nível pouco elevado, repetindo as lições dos primeiros mestres. O principal objeto de discussões e progressos era a geometria. A partir do século III a.C., a matemática será cada vez mais cultivada por cientistas puros, sem intenções filosóficas. Cabe citar então os *Tratados dos números* de Bútero de Cízico e de Moderado de Gades, o *Tratado do Número* de Proros de Cirene (século II a.C.), a *Introdução à aritmética* e *As investigações teológicas sobre os números*, de Nicômaco de Gerasa (século II), o *Tratado das matemáticas* de Téon de Esmirna (século II), o *Tratado dos números* de Numênio (século III d.C.), os *Teologúmenos da aritmética*, do Pseudo-Jâmblico, a *Introdução à aritmética*, de Anatólio de Alexandria (século III), todos neopitagóricos.

O interesse pelo número em filosofia vem dos pitagóricos, que lhe conferiram um papel metafísico. Segundo eles, o fundamento da realidade é o número, ou seja, aquilo que há de mais racional nas coisas. Segundo Aristóteles, "eles constituíram a substância do ser" (*Met.*, A, 5). Assim como o Número universal – que não é este nem aquele número – é o princípio de todo o sensível, os diferentes números, em sua diversidade, são os princípios de todas as realidades singulares. Assim se entendem as frases de Aristóxeno, "O Número é a inteligência de todos os números" (Estobeu, *Écl.*, **I**, 6), e de Filolau, "A natureza do número é a mestra do conhecimento" (Estobeu, *Écl.*, Intr.). Esse caráter transcendental do Número, essência das coisas, não deve levar a confundi-lo com o Uno (**hén**), que é seu Princípio transcendente. Por isso, é preciso compreender bem Aristóteles, quando ele diz que, para os pitagóricos, o Número é princípio; e acrescenta "como matéria dos seres" (*Met.*, A, 5).

Platão interessa-se pelo número como agente de medida e beleza, que fazem dele um elemento necessário da educação (*Rep.*, VII, 522c; *Epínomis*, 990c). Aristóteles dedica todo o livro

N da *Metafísica* à crítica do número nos pitagóricos e em Platão. Plotino inspira-se nos pitagóricos, fazendo o número sair da díade (**dyás**) (**V**, IV-V); e, em seu tratado *Dos números*, chega a afirmar que o Número em si é anterior ao Ser (**VI**, VI, 9).

arkhé (he) / ἀρχή (ἡ): princípio. Latim: *principium*.

Causa original, Realidade primeira da qual procedem as outras no universo. Essa palavra pode ter dois sentidos:

– cosmológico: o Princípio é então um corpo material (présocráticos);
– metafísico: o princípio é então uma Realidade impessoal, que pode assumir o nome de Mônada (Pitágoras), de Uno (Parmênides, Plotino), de Essência (Platão).

Platão, que emprega abundantemente a palavra *arkhé*, dá uma definição dela em *Fedro* (245c-d): "O Princípio é o Inengendrado (**agéneton**), pois é necessário que tudo o que vem do ser venha a partir de um princípio, ou seja, daquilo que não procede de nada." Portanto, é aquilo que está primeiro na existência e engendra a seqüência dos outros seres.

Aristóteles definiu o Princípio, mas de modo bastante vago. Em *Metafísica* (Δ, 1), dedica a essa palavra a primeira de suas notas. Atribui-lhe cinco sentidos:

– ponto de partida (de uma linha, de uma rota); há então um princípio simétrico, que é o ponto de chegada;
– o melhor começo (arte pedagógica);
– o que é primeiro e imanente no devir (fundações de uma casa);
– a causa não imanente que precede (o pai e a mãe para o filho);
– a vontade livre de um ser racional (princípio dos acontecimentos).

Em *Física* (I, 1, 184a), procedendo à história das teorias, Aristóteles atribui aos elementos primeiros entre os jônios (os Fisiólogos) o nome de princípios. Em *Metafísica* (A, 5), ele o atribui às grandes realidades originais de certos filósofos anteriores a ele: o Número em Pitágoras, o Uno em Xenófanes, o Ser em Parmênides.

Para os primeiros jônios, chamados por Aristóteles de Fisiólogos, o Princípio é um elemento cósmico.

O primeiro deles, Tales de Mileto, declara que é a Água (Aristóteles, *Met.*, A, 3; Cícero, *De nat. deor.*, I, 10, 23; Ps-Plutarco, *Placit.*, I, 3; D.L., I, 27). Aristóteles atribui essa "descoberta" à observação, lembrando que a primeira mitologia grega vê o Oceano como origem do mundo; Nietzsche declara que essa é uma idéia genial. Na verdade, é uma simples herança das cosmogonias orientais. Tales era de origem fenícia e conhecia bem os mitos semíticos. A *Cosmogonia caldéia*, livro sagrado da tradição babilônica, do qual Damáscio e Berósio conservaram alguns fragmentos, afirma: "Na origem, a totalidade dos territórios era mar." O *Enuma Elis*, outra narrativa babilônica sobre a criação, diz: "Quando no alto o céu não era denominado, quando embaixo a terra não tinha nome, do oceano Apsu, pai deles, e de Tiamat, a tumultuosa, mãe de todos, as águas se confundiam em Um." O *Livro dos mortos*, que é o texto mais antigo do Egito diz: "No começo, só havia o Noun, abismo da água primordial"; ora, a Fenícia dominou culturalmente o Egito a partir do terceiro milênio; de qualquer modo, Tales passou algum tempo no Egito, onde recebeu os ensinamentos dos sacerdotes (D.L., I, 27).

O sucessor de Tales na direção da Escola de Mileto, Anaximandro, escolheu como Princípio originário o *indeterminado* (**ápeiron** / ἄπειρον). (*v. essa palavra*). O terceiro chefe da escola, Anaxímenes (†526), estabeleceu como primeiro princípio o ar (**aér** / ἀήρ). Tem-se aí também um velho mito fenício. Encontra-se essa teoria em Diógenes de Apolônia (século V). Por fim, Hípaso de Metaponto (século VI) e Heráclito de Éfeso (†480) adotam como primeiro Princípio o fogo (**pŷr**, πῦρ).

Os itálicos, filósofos de origem jônia, mas instalados no Sul da Itália (Magna Grécia), apresentam Princípios metafísicos. Para Pitágoras, é o Número, porém mais precisamente a Mônada (*v. essa palavra*), Unidade original do ser. Para Xenófanes (século VI), o Uno primeiro é um Deus único e incorpóreo; para Parmênides, seu discípulo, é o Ser, Uno no sentido de Único, pois ele não admite nenhum outro; para Anaxágoras, o Princípio original é duplo: uma matéria informe inerte e um Espírito absoluto dinâmico que dela extrai o universo em sua variedade. Para Empédocles, são o amor (**philótes** / φιλότης) e o ódio (**neîkos** / νεῖκος), mas na medida em que unem e desunem os elementos preexistentes, que são os quatro clássicos. *v.* **stoikheîa**. Platão não tem posição fixa: as Essências, tomadas coletivamente, no *Fédon*; o Ser no *Sofista*; o Bem na *República*; Deus nas *Leis*. Em Aristóteles, o Princípio é o primeiro Motor, que se confunde com a Inteligência e o Bem (*Met.*, Λ, 6-7). Mas, no que se refere aos seres da Natureza (**tà phýsei ónta** / τὰ φύσει ὄντα), ele considera três princípios: a matéria (**hýle** / ὕλη), a forma (**morphé** / μορφή) e a privação (**stéresis** / στέρησις) (*Fís.*, I, 7). Em Plotino, o Princípio é o Uno, que é ao mesmo tempo o Bem.

arkhétypos (ho) / ἀρχέτυπος (ὁ): modelo, arquétipo.

v. parádeigma.

árkhon (ho) / ἄρχων (ὁ): governante, arconte.

Particípio presente substantivado do verbo **árkho**: eu comando. Filosofia política: em Platão, os arcontes formam uma classe social precisa, com sua formação própria e sua virtude (a sabedoria). (*Rep.*, VII, 540d-541a; V, 428b-429a; VI, 504d-506a; VIII, 543b; *Leis*, IV, 715c). Empregado por Sólon (*Apotegmas*, 34), por Quílon (*Apot.*, 17), em Plutarco (*Quaestiones conviviales*), e por Anacársis (*Apot.*, 20, *in* Estobeu, *Ant.*, **XI**, VIII, 47).

asómaton (tó) / ἀσώματον (τό): incorpóreo. Empregado habitualmente no plural: τὰ ἀσώματα. Latim: *incorporalia*.

Ser desprovido de corpo. Neutro substantivado do adjetivo **asómatos**. De **sôma**, corpo, como o prefixo **a** / ἀ, que significa negação.

O termo, pouco empregado, é vago e pode receber significados diversos: Essências (**eíde**), alma, ou simplesmente realidades indeterminadas.

Aécio escreve (**I**, XI, 3): "Pitágoras ensina que as causas primeiras são incorpóreas." O mesmo é declarado por Estobeu (*Écl.*, **I**, XIII, 1). Platão diz: "Os seres incorpóreos são os mais belos e grandiosos" (*Política*, 286a). E em outro lugar nota que a harmonia da alma é invisível e incorpórea (*Fédon*, 85e). Em sua *Carta a Heródoto*, Epicuro ataca aqueles que concebem a existência de incorpóreos (D.L., X, 67, 69, 70). A mesma reação se observa em Pírron e nos céticos (D.L., IX, 98-99). Plotino emprega a palavra de modo mais amplo e dedica até um livro à *impassibilidade das realidades incorpóreas* (**III**, VI). Diz ele (**IV**, II, 1): "A alma não é um corpo, ela não é, entre os incorpóreos, nem a harmonia, nem a entelequia (**entelékheia**) de um corpo." Hermes Trismegisto, por sua vez, deduz que o lugar onde se movem os corpos é necessariamente um incorpóreo (II B, 3-4).

ataraxía (he) / ἀταραξία (ἡ): tranqüilidade, ataraxia.
Latim: *tranquillitas*.

Perfeita paz da alma que nasce da libertação das paixões.

Próprio do período filosófico helenístico que se segue a Aristóteles e no qual o sábio procura uma sabedoria pacífica, longe da agitação. É a razão que obtém esse resultado. Graças a ela, o sábio não sente "dor, cólera, coação, nem entrave". Vive sem paixão: **apathés** / ἀπαθής (Epicteto, *Leituras*, **III**, XIII, 11).

Parece que o primeiro teórico da ataraxia foi Demócrito; diz Estobeu: "Ele denomina assim um estado de paz, harmonia e simetria (interiores)" (*Écl.*, **II**, VII). Esse é o objetivo de Epicuro, para quem a ataraxia consiste "em livrar-se de todos os medos" (D.L., X, 82). Mas foram principalmente os estóicos que elogiaram sem ressalvas a ataraxia: nesse estado de "apatia", o sábio é inabalável (D.L., VII, 117). Ele é impassível diante daquilo que lhe chega de fora (Marco Aurélio, IX, 31). Não sente mais nenhuma perturbação da alma (Epicteto, *Manual*, XXIX, 7; Cícero, *Tusc.*, **V**,VII, 17). Ele é definitivamente incapaz de sentir tristeza e medo (Epicteto, *Leituras*, **III**, XXIV, 117). O ceticismo, mesmo ostentando uma atitude negativa em todas as coisas, professa neste caso um projeto positivo: "seu princípio e sua causa", segundo Sexto Empírico, "são a esperança da ataraxia" (*Hipot.*, I, 6). E a obtém graças à **epokhé**, ou "suspensão do juízo sobre todas as coisas" (*ibid.*, **I**, XIII).

athanasía (he) / ἀθανασία (ἡ): imortalidade.
Latim: *immortalitas*.

Plotino redigiu um de seus primeiros tratados (o segundo, de acordo com Porfírio) *Sobre a imortalidade da alma* (**Perì athanasías psykhês** / Περὶ ἀθανασίας ψυχῆς (**IV**,VII).

athánatos / ἀθάνατος: imortal. Latim: *immortalis*.

Esse adjetivo se compõe de **thánatos** (**ho**) / θάνατος (ὁ): morte, e do prefixo **a** / ἀ, que indica negação. O ser **athánatos**, por natureza, é incapaz de morrer.

Esse adjetivo é aplicado a um princípio impessoal, aos deuses, ou à alma humana.

Os pitagóricos veneravam "os deuses imortais" (*Palavras de ouro*, 1, 50) e declaravam que a alma humana é imortal (Hipólito, *Contra as heresias*, **I**, II, 11); mas, depois de ser prisioneira do corpo, esta só podia ter acesso à sua imortalidade após uma purificação, graças à qual se tornava semelhante aos deuses imortais (*Palavras de ouro*, 70-71). Alcmêon de Crotona professava a mesma doutrina (Aristóteles, *De an.*, I, 2, 405); Diógenes de Apolônia também (fr. 7 e 8), mas a alma para ele é um corpo formado de ar. Platão afirma claramente a imortalidade da alma (*Mênon*, 81b-c), mas também de um Imortal em si, do qual a alma participa (*Fédon*, 106c-e). Para Aristóteles, imortal é o intelecto agente (**noûs poietikós**), ou alma separada (*De an.*, III, 5). Para o pitagórico Segundo (*Sentenças*, 3), "Deus é um espírito imortal: **athánatos noûs**".

Epicuro admite que existe uma natureza imortal e bem-aventurada, que é a natureza dos deuses (D.L., X, 76-77, 123).

átomos (ho) / ἄτομος (ὁ): átomo. Latim: *atomus*.

Emprego substantivado do adjetivo **a-tómos**, que quer dizer não-cortado, indivisível. O átomo é assim a menor partícula de matéria, aquela que permanece quando já não é possível dividi-la.

Os chamados filósofos atomistas, encabeçados por Leucipo de Mileto, elaboram como ponto de partida uma doutrina que não é física, mas metafísica; como reação contra Parmênides e seus discípulos, segundo os quais não há não-ser, pois, por definição, o Ser é e o não-ser não é, eles constroem uma doutrina segundo a qual o não-ser é o vácuo, que se associa ao Ser pleno para formar a natureza e separa os átomos (ou partículas de matéria que constituem o ser) uns dos outros.

O primeiro teórico do atomismo foi Leucipo. Para ele, os átomos são extremamente pequenos e distinguem-se uns dos outros por três características: forma (**skhêma** / οχῆμα), ordem (**táxis** / τάξις) e posição (**thésis** / θέσις). É isso que explica o fato de sua reunião formar objetos diferentes. A alma, material, é formada de átomos esféricos ígneos (D.L., IX, 30-33); é um materialismo (Aristóteles, *De gen.*, I, 8). Demócrito de Abdera, discípulo de Leucipo, desenvolve sua doutrina (D.L., IX, 34-49). Epicuro mostra-se seu adepto. Os átomos são movidos por um movimento perpétuo, que não teve começo; seu encontro para formar os diferentes corpos não obedece a nenhuma finalidade; e, assim, o universo é fruto do acaso (**týkhe** / τύχη).

Em lógica, **átomon** é a espécie última, que não se pode reduzir mais em gênero e diferença (Aristóteles, *Cat.*, V).

autós / αὐτός: si mesmo, em si, próprio. Reflexivo: hautós / αὐτός.

Gramaticalmente, **autós** significa ao mesmo tempo *eu mesmo, si mesmo, a própria coisa, próprio* (latim: *ipse*); *o mesmo, a mesma* *coisa*: **tò autó** / τὸ αὐτό (neutro) (latim: *idem*). Platão o emprega em sentido de substância: *o em-si*; Aristóteles, no sentido de idêntico: o *mesmo que si*.

Dos pontos de vista lógico e metafísico, **autós** tem parentesco com **hómoios** / ὅμοιος: *semelhante*.

Opõe-se a:

– o outro: **héteros** / ἕτερος
– um outro: **állos** / ἄλλος
– diferente: **diáphoros** / διάφορος
– oposto: **antikeímenos** / ἀντικείμενος
– contrário: **enantíos** / ἐναντίος
– dissemelhante: **anómoios** / ἀνόμοιος

Expressão: **kath'hautó** / καθ' αὑτό: *por si*; que se dá a si mesmo existência (o *a se* latino, e não o *per se* ou *in se* = substância, aquilo que existe de si mesmo, e não por seus acidentes).

Platão emprega **autós** para qualificar a Essência (**eîdos**); *mesmo* significa aí o absoluto, tal como se diz: "ele é a bondade mesma". É assim que ele menciona as Essências matemáticas: o Igual em si: **autò tò íson** / αὐτὸ τὸ ἴσον (*Fédon*, 74a), a Grandeza em si: **autò tò mégethos** / αὐτὸ τὸ μέγεθος (*ibid.*, 102d), os Números em si: **autoí oi arithmoí** / αὐτοὶ οἱ ἀριθμοί (*Rep.*, VI, 525d); mas também o Justo em si: **díkaion autó** / δίκαιον αὐτό (*Fédon*, 65d), o Bem em si (*ibid.*, 76d), a Verdade em si: **autè he alétheia** / αὐτὴ ἡ ἀλήθεια (*Rep.*, VII, 526b), e sobretudo a Beleza em si: **autò tò kalón** (*Rep.*,V, 476b: *Crátilo*, 439c; *Banquete*, 211e; etc.). Em *Sofista* (254d-258c), ele expõe a teoria do não-ser como alteridade, opondo o Mesmo (**tautón** / ταὐτόν, contração de τὸ αὐτόν) e o Outro (**tháteron** / θάτερον, contração de τὸ ἕτερον).

Aristóteles empenha-se em confrontar *o Mesmo* a todos os seus opostos, mas também em distinguir o Mesmo segundo a essência (**kath'hautó**); e o Mesmo segundo o acidente (**katà symbebekós**) (*Met.*, Δ, 9-10). No tratado *Das categorias* (X-XI), ele trata sucessivamente dos opostos e dos contrários.

aúxesis (he) / αὔξησις (ἡ): aumento.

É uma das formas da mudança (Aristóteles, *Cat.*, XIV). *v.* **kínesis**.

basileía (he) / βασιλεία (ἡ): realeza.

Aristóteles distingue dois tipos: a realeza absoluta, que tende à tirania, e a relativa, como em Esparta (*Pol.*, **III**, XIV-XV). Da época helenística, restam três tratados sobre a realeza (**Perì basileías**), de autoria de neopitagóricos: Ecfanto, Diotógenes e Estênidas.

boulé (he) / βουλή (ἡ): deliberação.

Marca da liberdade de escolha (**proaíresis**) que preside a ação virtuosa (Aristóteles, *Ét. Nic.*, **III**, III). Política: o Conselho da Pólis (que delibera) (*id. Pol.*, **VI**, III, IV, VIII).

boúlesis (he) / βούλησις (ἡ): vontade.

Vontade espontânea, diferente da vontade deliberada (**proaíresis**). É, de alguma maneira, um desejo afirmado, que não obedece à razão (Platão, *Leis*, III, 687e). Diz Aristóteles: "A **boúlesis** refere-se ao fim que se pode esperar; a **proaíresis** refere-se aos meios para atingi-lo" (*Ét. Nic.*, **III**, II, 9). Plotino conferiu grande importância a esse termo; a **boúlesis** é um ato refletido, a essência mesma do Uno; este é a Onipotência, que é aquilo que quer ser e faz todas as coisas segundo sua vontade (**VI**, VIII: da *liberdade e da vontade do Uno*).

daímon (ho) / δαίμων (ὁ): espírito, "demônio".
Latim: *daemon, genius*.

Espírito puro que não tem *status* de deus, ou é considerado um deus inferior.

A noção de espíritos intermediários entre homem e Deus, ou entre o homem e os deuses celestes, é importada das religiões orientais. Os babilônios, entre os quais Pitágoras residiu vários anos, haviam criado uma tábua hierárquica das personagens celestes. Para os gregos, os *demônios*, que os designam globalmente, associavam-se à fábula dos heróis, seres humanos divinizados, portanto intermediários entre a divindade e a humanidade.

Aécio (**I**,VIII, 2) atribui a doutrina dos demônios globalmente a Tales, Pitágoras, Platão e aos estóicos; demônios são "substâncias dotadas de alma". No que se refere a Tales, esse fato é confirmado por Diógenes Laércio ("O mundo tinha uma alma e era povoado de demônios", I, 27), e também no que se refere a Pitágoras (VIII, 32). Encontra-se esse termo com significado vago em Heráclito (fr. 79), em Empédocles com o sentido de *herói* (fr. 115, 5), em Demócrito com o sentido de alma humana ou, mais precisamente, daquilo que a alma humana tem de divino (Estobeu, *Écl.*, II, 7).

Mas foi Sócrates quem deu reputação ao demônio. Para ele, é um guia ligado à sua pessoa, um anjo da guarda. Xenofonte relata que "Sócrates afirmava que recebia avisos de um demônio" (*Mem.*, **I**, I, 2: cf. *Apologia de Sócrates*, 12). Tem-se também o testemunho de Platão (*Alcibíades*, 103a, 224e; *Apol.*, 28e, 31d, 32b; *Fedro*, 242b). O próprio Platão considera que Deus nos deu nossa alma como um demônio (*Timeu*, 90a), como um deus que nos habita (*ibid.*, 90c) e nos conduz para nosso juízo final (*Fédon*, 113d). A idéia de anjo da guarda é retomada por Epicteto: cada um de nós tem a seu lado um gênio que lhe é conferido pela Providência para guiar-nos em direção à verdade (*Leituras*, **I**, XXIV, 12). Plotino o adota: o demônio que nos dirige é um deus daqui de baixo, não uma faculdade mental, mas um espírito transcendente à nossa alma (**III**, IV, 3). Ele próprio era assistido, segundo nos diz Porfírio, "por um desses demônios que estão próximos dos deuses" (*Vida de Plotino*, 10). Para Alexandre de Afrodísia, o **daímon** de um homem é sua natureza (*Do destino*, VI).

Adjetivo derivado: **daimónios** / δαιμόνιος: divino, demoníaco, angelical.

No neutro: **tò daimónion** / τὸ δαιμόνιον: o ser divino, sobrenatural (Xenofonte, *Mem.*, I, 1, 2, 4, etc.). Lísis, citado por

Jâmblico (*Vida de Pitágoras*, 76), chama Pitágoras de "homem divino": **daimónios**.

demiourgós (ho) / δημιουργός (ὁ): artífice, demiurgo.

Latim: *faber; creator.*

O operário divino que modela o mundo a partir da matéria primitiva.

Essa palavra é composta de **démios** / δήμιος, plebeu, popular, e de **érgon** / ἔργον, obra, trabalho. O primeiro sentido de **demiourgós** é: operário, artífice, fabricante. Foi Platão que lhe deu um sentido filosófico.

Encontramos já na *República* menção a esse operário divino que organizou os movimentos celestes (VII, 530a) e nos deu os órgãos dos sentidos (VI, 507c). Mas é no *Timeu* que o vemos em ação: com os olhos fixos nos *Paradigmas* eternos, ele modela o mundo à sua imagem (28a-29b). Para Plotino, a organização do mundo tem duas causas: o demiurgo e a alma do mundo (**IV**, IV, 10). Para Hermes Trismegisto, o demiurgo cria o mundo com sua palavra, ou seja, com sua vontade (IV, 1); essa insistência na vontade já estava em Plotino (**IV**, IV, 12).

demokratía (he) / δημοκρατία (ἡ): democracia.

Em Platão, governo da desordem, da licenciosidade e da luta de classes (*Rep.*, VIII, 555b-558c). O homem democrático é o homem da inconseqüência e da imoralidade (*ibid.*, 558c-562a). Em Aristóteles, poder dividido entre as diferentes classes sociais e, por isso mesmo, ingovernável (*Pol.*, III, XI-XIII; IV, IV).

diágramma (tó) / διάγραμμα (τό): proposição geométrica (Aristóteles, *Cat.*, XII).

dialektiké (he) / διαλεκτική (ἡ): dialética.

Latim: *dialectica.*

Adjetivo substantivado, derivado do verbo **dialégomai** / διαλέγομαι, por sua vez composto de **légo**, falar, e **diá**, preposição que indica um movimento. A dialética é, em seu primeiro sentido, um *diálogo*. Platão, que adota esse termo em filosofia, lhe dá o sentido de ascensão espiritual. Aristóteles mantém o seu sentido lógico.

Ao mesmo tempo que a purificação (**kátharsis**) produz a lenta separação entre alma e corpo, a dialética platônica constitui um exercício progressivo do conhecimento, que parte do mais sensível para elevar-se até o mais inteligível. Então é revelado em sua plenitude o mundo das Essências que provoca a beatitude (**eudaimonía**). A dialética aristotélica é uma discussão para chegar à verdade a partir de afirmações problemáticas.

Em Platão, a ascensão dialética está ligada aos modos de conhecimento (*v.* **psykhé**). Realiza-se em quatro etapas, descritas no livro VII da *República* (532a-534c), e preparadas pela exposição dos modos de conhecimento no livro VI (509d-511e):

epistéme (ἐπιστήμη) ciência	**nóesis** / νόησις	razão intuitiva ⇒ Princípios (inteligíveis)
	diánoia / διάνοια	razão discursiva ⇒ hipóteses (noções)
dóxa (δόξα) opinião	**pístis** / πίστις	crença ⇒ realidades sensíveis
	eikasía / εἰκασία	conjectura ⇒ imagens do sensível

Esses modos de conhecimento apresentam analogias dois a dois: o visível (objeto da opinião) é a imagem do inteligível (objeto da ciência); as imagens (objeto da conjectura) são imitações das realidades sensíveis; as noções (objeto da **diánoia**) são imitações das Essências eternas.

Plotino escreveu um tratado chamado *A dialética* (*Enéadas*, **I**, III). Afirma ele que a dialética é o método para ir ao Bem inteligível, partindo da beleza sensível. O sentido, portanto, é totalmente platônico.

Em Aristóteles, a dialética é uma discussão que parte de uma interrogação, quer a propósito de uma *tese* (**thésis** / θέσις), ou pensamento paradoxal emitido por um pensador eminente, quer em função de uma premissa (**prótasis** / πρότασις) que suscite um silogismo dialético (*Tóp.*, 5, 10-11).

"Carnéades dizia que a dialética é semelhante a um polvo."
(Demófilo, *Similitudes*, 105, *in* Estobeu, *Flor.*, LXXXII, 13.)

diánoia (he) / διάνοια (ἡ): pensamento. Latim: *intellectus, cogitatio*.

Esse termo tem sentido vago; indica habitualmente um modo de pensamento menos elevado que a **nóesis**.

Classicamente, a **diánoia** é o conhecimento discursivo, por raciocínio. Assim, em Platão, ela é o grau inferior da ciência, que recorre a conceitos em vez de contemplar diretamente as Essências (*v.* **dialektiké**, **psykhé**); em Aristóteles, ela é pensamento raciocinante (*Met.*, Γ, 7, 1012a). Em Plotino, é conhecimento indireto (**V**, III, 3).

Nos outros filósofos, assume um sentido indefinido. Pitágoras dizia que sempre era preciso pôr Deus diante do pensamento (**diánoia**) (Jâmblico, *Vida de Pitágoras*, 175), e que era preciso evitar ser cegado pelo próprio pensamento (**diánoia**) (Aulo Gélio, *Noites áticas*, **VI**, II, 11). Mas um autor de sua escola, Brontino, opõe esse conceito a **noûs** no próprio título que dá à sua obra: **Perì noû kaì dianoías**. Epicuro constata que a **diánoia** limita as pretensões da carne (D.L., X, 143). Epicteto recomenda trabalhar pela sua melhoria (*Leituras*, **III**, XXII, 20); Marco Aurélio é impreciso (III, 6, 8; VII, 68; VIII, 59).

O adjetivo **dianoetikós** indica, em Aristóteles, uma inteligência intuitiva, própria à virtude do sábio (*v.* **areté**), mas em Plotino diz respeito à razão discursiva (**V**, 2).

diaphorá (he) / διαφορά (ἡ): diferença.

Lógica. A importância dessa noção é expressa por Aristóteles em sua *Metafísica* (Z, 12): como manter a unidade de um gênero (**génos**), apesar de suas diferenças internas? O debate é feito em *Segundos analíticos* (II, 3-13) e, de modo mais sumário, nos *Tópicos* (I, 16-18). Porfírio vê a diferença como um dos quatro predicáveis: **kategoroúmena** (*Isagoge*, **III**, VIII).

dikaiosýne (he) / δικαιοσύνη (ἡ): justiça. Latim: *justitia*.

Esse termo tem duplo significado: instituição ou justiça política; virtude, ou justiça moral. Os pensadores gregos preocuparam-se com esses dois aspectos; em primeiro lugar, Platão e Aristóteles.

Sinônimos empregados às vezes: **díke** / δίκη; **dikaiótes** / δικαιότης; **díkaion** (**tó**) / δίκαιον (τό): justo, o que é justo.

A justiça é essencialmente medida (**mesótes** / μεσότης; **méson** / μέσον). E, como esse caráter é o caráter da virtude em geral (Aristóteles, *Ét. Nic.*, **II**, VIII), a justiça se torna a virtude mais importante e admirável; e Aristóteles (*ibid.*, **V**, I, 15) cita a propósito um verso de Teógnides: "Na justiça está incluída toda a virtude." Por outro lado, a partir de Platão, a justiça se torna uma das quatro virtudes principais, ao lado da temperança, da coragem e da sabedoria (Platão, *Rep.*, IV, 429e-441c), ou ao lado da temperança, da coragem e da prudência (Zenão, Plotino, **I**, II, 7). *v.* **areté** / ἀρετή.

Os pitagóricos tinham grande reverência pela justiça, pois, em seu sistema, a harmonia é o princípio de unidade cósmica, psíquica e moral; além disso, segundo diz Polos, o Pitagórico[1], "a justiça é a harmonia da alma" (Ateneu, IX, 54). Um verso de *Palavras de ouro* (13) exorta a praticar a justiça. Segundo Aristóxeno, Pitágoras afirmava que a justiça política devia ser baseada no "Princípio divino" (Jâmblico, *Vida de Pitágoras*, 174). Árquitas escrevera um tratado *Da lei e da justiça*.

Platão estabeleceu um elo estreito entre a justiça moral e a justiça política, graças à noção pitagórica de harmonia. Moralmente, cada uma das outras três virtudes refere-se a uma parte da alma humana; por isso, parecem autônomas; é a justiça que estabelece o acordo entre as três; politicamente, cada uma das outras três virtudes refere-se a uma classe social específica; é a justiça que estabelece o acordo entre as três, visto que por ela cada uma das classes cumpre uma função que concorre para o bem comum da Pólis (*Rep.*, IV, 435b-443e).

Inversamente, a injustiça (**adikía** / ἀδικία) é um desacordo entre as três partes da alma e as três classes da sociedade (*Rep.*, IV, 434b-c; 444b-d).

Aristóteles[2] propõe-se tratar separadamente justiça moral e justiça política, homem privado e homem público que exercem atividades diferentes (*Pol.*, **III**, IV, 3-7). No entanto, não pode tratar da primeira (à qual dedica todo um livro) sem se referir à lei: o justo define-se pela igualdade e pela legalidade, pois só há justiça para homens que vivam sob uma lei, necessária para regrar suas relações (*Ét. Nic.*, **V**, II,VI). No entanto, para que haja virtude, é necessário que a ação justa seja realizada voluntariamente (*ibid.*, **V**, II, 1-3;V, 1;VIII, 1-4). Por outro lado, Aristóteles faz uma classificação, que se tornou famosa, das diferentes formas de justiça: justiça distributiva (essa palavra medieval não figura no texto), que reparte honrarias e riquezas (*ibid.*, **V**, II, 12; III, 7; IV, 2); justiça contratual (**synallagmatiké** / συναλλαγματική), que é voluntária e incide nas operações econômicas e comerciais (*ibid.*, **V**, IV, 12-13); justiça corretiva (**diorthotiké** / διορθωτική), que é involuntária e obra do juiz para reparar a injustiça. Voltamos à lei. Em *Política*, em vez de considerar a justiça como instituição, Aristóteles a vê como virtude cívica, que consiste em servir o bem comum (**III**, IV, 1-7).

Para Arquelau, o justo e o injusto não existem por natureza, mas por convenção (D.L., II, 16). Depois dele, Epicuro reduz a justiça ao contrato (**synthéke** / συνθήκη) e a fundamenta na utilidade (*Máximas*, 33, 36, 37). Plotino preocupa-se pouco com a justiça; existe uma justiça (**díke**) universal, assumida pela Alma, justiça que coordena o movimento dos astros (**II**, III, 8); e, para cada alma humana, a justiça consiste em escolher o corpo que lhe convém no momento de sua encarnação (**IV**, III, 13).

1. Ou Polos de Lucânia, que não deve ser confundido com o sofista Polos de Agrigento.
2. Segundo Cícero (*Rep.*, III, 8), Aristóteles escrevera um tratado *Da justiça* em quatro livros.

díke (he) / δίκη (ἡ): justiça. Empregado especialmente por Plotino. *v.* dikaiosýne.

dógma (tó) / δόγμα (τό): doutrina, ensinamento, dogma.

Derivado como **dóxa** do verbo **dokéo** / δοκέω, crer, pensar. Donde: **dogmatikós** / δογματικός, doutrinal, dogmático. Este último termo é atribuído como crítica pelos céticos (*v.* **skeptikós**) a seus adversários.

dóxa (he) / δόξα (ἡ): opinião. Latim: *opinio.*

A opinião é um conhecimento relativo, tanto em termos de objeto, que está submetido ao devir e à ilusão, quanto em termos de sujeito, que não tem certeza integral sobre ela. Opõe-se a *ciência* (**epistéme**). *v. essa palavra.*

Em Platão, a palavra **dóxa** tem dois sentidos diferentes; o primeiro é original, o segundo é clássico. É em *Mênon* (97b-100b) que se encontra o primeiro sentido: a opinião é o primeiro grau da virtude, o grau do homem comum, do não-filósofo, que ainda não conquistou a virtude contemplativa do sábio; ela é então uma adivinhação espontânea do bem que deve ser feito no mundo sensível. Em sua natureza, é um delírio (**manía**), ou seja, uma emoção. Em sua origem, é um favor divino (**theîa moîra**). Portanto, não precisa ser ensinada, ao contrário da doutrina socrática cujas repercussões se encontram no *Protágoras* (357d): "Não é dom da natureza nem fruto do ensino" (*Mênon*, 99e).

Para respeitar o sentido clássico, no qual a opinião é um conhecimento incerto, Platão vê-se obrigado a distinguir duas espécies de opinião: a opinião justa (**orthè dóxa** / ὀρθὴ δόξα) (*Mênon*, 98b; *Banquete*, 202a) ou também a opinião verdadeira (**alethès dóxa** / ἀληθὴς δόξα) (*Mênon*, 98c; *Teeteto*, 187b) e a opinião falsa (**pseudès dóxa** / ψευδὴς δόξα) (*Teeteto*, 187b). Ora, "no que se refere à ação, a opinião justa não é pior nem menos útil do que a ciência, e o homem que a possui vale o mesmo que o sapiente" (*Mênon*, 98c).

Esse sentido clássico de **dóxa** aparece com Parmênides, mesmo assim de maneira fugaz (I, 30). Portanto, foi Platão que o usou primeiro de maneira sistemática. Na *República* (V, 477d-479d), ele a vê como conhecimento mediano, entre a ignorância (**agnosía**) e a ciência. Dá a essas formas de conhecer um objeto ontológico: a ciência tem como objeto o Ser; a ignorância, o não-ser; a opinião, todo o campo intermediário, ou seja, a aparência (**tò doxázein**, verbo substantivado) que é um não-ser relativo.

Só incidentemente Aristóteles se refere à **dóxa**. Em *Ética nicomaquéia* (**VI**, IX, 3), ele a opõe à deliberação; no *Tratado da alma* (III, 3), ele a denomina, sem definir, opinião verdadeira. Em *Política* (**III**, IV, 11), ele faz da opinião verdadeira a virtude do governante, enquanto a virtude do homem privado é a **phrónesis**. Por outro lado, ela ganha grande importância para os estóicos: a **dóxa** (ou também o dogma) é um falso juízo sobre a realidade, que provoca a paixão, ou seja, uma atitude irracional: medo, tristeza, perturbação. "A morte não é um mal; mal é a opinião que temos de que a morte é um mal" (Epicteto, *Manual*, V). A opinião, portanto, é uma mentira, e o único método para escapar às paixões é a sua eliminação (a **dóxa** e **dógma** Marco Aurélio prefere **hypólepsis**). Para Epicuro, assim como para Platão, a opinião pode ser verdadeira ou falsa; é esta última a fonte do erro, e não a sensação, que não nos engana jamais (D.L., X, 34, 50). Por sua vez, Plotino só emprega a palavra **dóxa** ocasionalmente, no sentido de idéia difundida (**II**, I, 2; **VI**, I, 1).

doxographía (he) / δοξογραφία (ἡ): doxografia.

doxográphos (ho) / δοξογράφος (ὁ): doxógrafo.

Reunião, transcrição e publicação de textos de autores filosóficos.

Aquele que realiza esse trabalho.

Termos modernos, mas que designam realidades antigas. Forjados a partir de **dóxa**, opinião, doutrina; e **graphé**, escrita, grafia.

A utilidade da doxografia é encontrar e publicar excertos de obras hoje perdidas. Os doxógrafos antigos foram aqueles que constituíram essas coletâneas, do século IV a.C. ao século VI d.C.; podem ser divididos em duas espécies: os ocasionais (como Aristóteles), que só reproduzem breves citações como apoio às suas palavras; e os sistemáticos, que não trabalham como historiadores, mas agrupam trechos escolhidos. Os doxógrafos modernos são aqueles que editam os antigos, tarefa que costuma exigir pesquisa de manuscritos, estabelecimento da sua autenticidade e reunião de fragmentos. Os mais importantes foram Johann Albert Fabricius, de Leipzig (1668-1736), com sua *Bibliotheca graeca* (1705-1728) em 12 volumes; Johann Conrad Orelli, de Zurich (1770-1826), com seus *Opuscula Graecorum veterum* (1819-1821); Friedrich Wilhelm August Müllach, com seus *Fragmenta philosophorum graecorum* (1875-1890) em 3 volumes; Hermann Diels, com *Doxographi Graeci* (1879), e *Die Fragmente der Vorsokratiker* (1903).

Alguns compiladores, essencialmente historiadores das idéias, tornam-se eventualmente divulgadores de textos. Foi o que aconteceu com Aristóteles, em sua obra *Sobre os filósofos*, hoje perdida; com Aristóxeno de Tarento, em suas *Vidas* de Pitágoras, Árquitas e Xenófilo; bem como, no século III, com Jerônimo de Rodes (*Memórias históricas*) e Hermipo de Esmirna (*Vidas*), Neantes de Cízico (*Vidas dos homens ilustres*). No século II aparecem os *diadoquistas*, autores de obras sobre a sucessão das escolas, visto que o termo **diadokhé** / διαδοχή significa *sucessão*. Seu precursor é Hipoboto, com suas *Escolas de filosofia*, seguido por Apolodoro de Atenas (*As escolas de filosofia*), Clitômaco de Cartago (mesmo título), Sócion (*A sucessão dos filósofos*, em 13 livros), Sosícrates (mesmo título), Heráclides Lembos (mesmo título); Alexandre Poliístor (*idem*), Díocles de Magnésia (século I: *Vidas dos filósofos*); por fim, o mais famoso atualmente, visto que sua obra chegou até nós quase integralmente, apesar de datar do século III de nossa era, Diógenes Laércio, com suas *Vidas, doutrinas e sentenças dos filósofos*.

Os doxógrafos propriamente ditos começam com Teofrasto, primeiro sucessor de Aristóteles à frente do liceu, autor de *Doutrinas dos físicos*, em 18 livros, dos quais só nos resta o livro sobre as *Sensações*, salvo por Simplício no século VI. São seus imitadores: Aécio (século I d.C.), com sua *Coletânea de excertos interessantes*: **Perì tôn areskónton synagogé** / Περὶ τῶν ἀρεσκόντων συναγωγή, mais conhecido com o título latino *Placita philosophorum*; é composto por 130 capítulos em cinco livros; de Aécio procedem o Pseudo-Plutarco, Galeano e os cristãos Atenágoras, Eusébio e Teodoreto. Por fim, aparece no século VI a obra grandiosa do bizantino João Estobeu, que compreende 5 000 fragmentos extraídos de 500 autores gregos; a obra tinha primitivamente o título *Antologia*, em quatro livros; foi depois dividida em duas obras: *Éclogas* (**Eklogaí** / Ἐκλογαί), ou seja, trechos escolhidos, em dois livros, contando 49 capítulos de física e 8 de ética; e *Antologia* (**Anthológion**), Florilégio, em dois livros que reúnem 126 capítulos.

dyás (he) / δυάς (ἡ): díade (gen.: dyádos).

Sentido aritmético: o número dois. Sentido metafísico: entre os pitagóricos, o ser segundo, criado pela *Mônada*, portanto imperfeito, e causa da matéria (Alexandre Poliístor, *in* D.L., VIII, 25; Aécio, VII, 18). Criticado por Aristóteles em *Met.*, N, 1-4. Em Plotino, é a causa dos números e das idéias, em associação com o Uno (**V**, IV, 2).

dýnamis (he) / δύναμις (ἡ): potência, capacidade.
Latim: *potentia*.

Do verbo **dýnamai** / δύναμαι: posso, sou capaz. Propriedade daquilo que, mesmo sendo atualmente passivo, pode:

– passar à ação; ou
– receber a ação de um agente.

Definição do Ser segundo Platão: "Aquilo que tem a potência de agir (**poieîn** / ποιεῖν) sobre outro ou de sofrer a sua ação" (**páskhein** / πάσχειν) (*Sofista*, 247d-e).

Quatro sentidos:
– capacidade, propriedade, "virtude" (no sentido medieval: virtude dormitiva de certas plantas);
– faculdade mental;

– metafisicamente: potência passiva = fato de padecer, receber;
– metafisicamente: potência ativa = capacidade de agir.

• *Capacidade, "virtude"*. "A ciência (**epistéme**) tem certo objeto e possui uma virtude própria que lhe permite atingir seu objeto" (Platão, *Cármides*, 168b). As Essências eternas têm propriedades que só permitem comparação umas com as outras (*Parmênides*, 150c-d).

• *Faculdade mental*. "As faculdades (**dynámeis** / δυνάμεις) são alguma coisa dos seres graças às quais podemos fazer o que podemos." Em seguida, Platão designa a ciência (**epistéme**) e a opinião (**dóxa**), mas também a visão e a audição (*Rep.*, V, 477c). Diz Aristóteles: "Chamo de faculdades nossa possibilidade de sentir paixões [...], por exemplo cólera, ódio ou piedade" (*Ét. Nic.*, **II**, V, 2). Em outro lugar, as faculdades da alma são as potências nutritiva, desiderativa, sensitiva, locomotora, pensante (*De an.*, II, 3).

• *Potência passiva* (oposta ao ato: **enérgeia** / ἐνέργεια). É o sentido mais clássico a partir de Aristóteles. "Chama-se **dýnamis** a potência de movimento (**kínesis**) ou mudança (**metabolé**) num ser [...] A faculdade de ser modificado ou movido por outro" (*Met.*, Δ, 12). "A potência passiva (exatamente: potência de sofrer: **dýnamis toû patheîn**) é, no ser passivo (paciente: **ho páskhon**), o princípio de mudança (**arkhé metabolês**) que ele está apto a receber de outro ou de si mesmo enquanto outro" (*ibid.*, Θ, 1). Na análise da sensação (**aísthesis**), Aristóteles constata que esta pode ser vista de duas maneiras: em potência ou em ato, conforme nos coloquemos do ponto de vista da faculdade de sentir ou do objeto que causa a sensação (*De an.*, II, 5). Em outro lugar (*Met.*, Θ, 5), Aristóteles enumera três tipos de potência: as inatas, como os sentidos; as adquiridas pelo hábito, como a arte de tocar flauta; e as obtidas pelo estudo (**máthesis**). Plotino dedica um tratado (**II**, V) à resposta a esta indagação: "O que quer dizer *em potência* e *em ato*?"

• *Potência ativa* (oposta à potência propriamente dita, ou seja, passiva). Para Platão, a verdadeira causa (**aitía**), que é **dýnamis**, é uma força divina (*Fédon*, 99c). As realidades do mundo sensível não têm poder (**dýnamis**) sobre as realidades do mundo inteligível (*Parmênides*, 133e). Nesse sentido, as artes – diz Aristóteles – são potências de mudança em outro ser (*Met.*, Θ, 1); *v.* **enérgeia**. Para Plotino, o Uno (**hén**) é Potência, e fortemente Potência, pois é ele que produz todos os outros seres: ele é Princípio (**arkhé**) (**V**, II, 15-16).

dynatón (tó) / δυνατόν (τό): o possível. Plural: dynatá (tá).

Aquilo que está contido no ser em potência antes de ser realizado pelo ato. Adjetivo derivado do verbo **dýnamai** / δύναμαι: posso. Aristóteles dedicou várias páginas (*Met.*, Θ, 1-5) ao possível e à atualização dos possíveis.

eîdos (tó) / εἶδος (τό): essência, idéia, forma, gênero, espécie. Latim: *species, forma, essentia*.

A palavra **eîdos** tem múltiplos sentidos, que encerram, de qualquer maneira, a noção de *generalidade*, seja nos seres, seja na inteligência.

Eîdos deriva do verbo arcaico e poético **eídomai** / εἴδομαι: apareço (sou visto); donde o sentido primeiro de **eidos**: aspecto, aparência. O perfeito do inusitado **eído** / εἴδω: ver, **oída** / οἶδα, adquire um sentido presente: sei. Só tardiamente e de modo acessório **eîdos** adotou o sentido filosófico; é a palavra latina *species*, que significa ao mesmo tempo *aspecto* e *espécie*, que traduz melhor o duplo sentido. O próprio sentido filosófico pode adquirir diferentes significados: metafísico, físico, psicológico e lógico.

• *Sentido metafísico*. A essência dos seres. Pode ser de duas espécies.

a. Transcendente às coisas. É o sentido platônico. As *Essências* formam o Mundo Inteligível. São as verdadeiras Realidades (*Fedro*, 247c), existem em si (*Fédon*, 75d) e por si (*Fédon*, 65c, 78d; *Parmênides*, 133a). A Essência é substância (**ousía**) (*Teeteto*, 186d); é eterna, sem começo nem fim (**agéneton kaì anólethron**, *Timeu*, 52a); é perfeita, absolutamente pura, ou seja, não admite nenhum elemento estranho a si mesma (*ibid.*). É às Essências que se deve atribuir a existência do mundo sensível, pelo fenômeno da participação (**méthexis**), graças ao qual as coisas são constituídas com base no modelo (**eikón**) das Essências. Em *Sofista* (247d-256d), Platão coloca no ápice das Essências cinco delas que foram chamadas, restringindo-se à sua significação lógica, **Gêneros supremos**; são o Ser (**tò ón** / τὸ ὄν), o Movimento (**he kínesis** / ἡ κίνησις), o Repouso (= estabilidade, **he stásis** / ἡ στάσις), o Mesmo (**tautón** / ταὐτόν) e o Outro (**tò héteron** / τὸ ἕτερον). Platão exprime o *em-si*, que é a Essência, quer pelo adjetivo **autós** / αὐτός: *ele mesmo*, quer pela fórmula **hó esti** / ὅ ἐστι: *o que é*. Aristóteles empenhou-se na crítica da filosofia das Essências[1] própria de Platão, especialmente na *Metafísica* (A, 9; Z, 14 e 15; M, 4). Ele costuma designar a Essência platônica com o termo **idéa** / ἰδέα.

b. Imanente às coisas. Esse sentido já se encontra em Pitágoras: ele atribui às essências (**eíde** e **idéai**) "uma existência inseparável dos corpos" (Aécio, **I**, X, 2; Estobeu, *Écl.*, **I**, XII, 6). Em Aristóteles, as formas específicas (**eíde**) são idênticas à qüididade (**tò tí ên eînai**), ou seja, aquilo pelo que elas se definem; elas são assim imanentes às realidades (*Met.*, Z, 4). Em *De anima* (II, 2), a alma, na qualidade de forma do corpo, é chamada ao mesmo tempo de **eîdos** e **morphé**. Assim, a substância humana pode ser definida quer pela matéria, quer pela forma (**eîdos**), quer pelo composto das duas. Encontra-se essa noção em Plotino: a alma é uma forma (**eîdos**) imanente a si mesma (**I**, I, 2) e o mal (**tò kakón**) é a forma do não-ser: **mè ón** (I,VIII, 3).

• *Sentido físico.* É o sentido metafísico aplicado aos seres da natureza. É próprio de Aristóteles e freqüentemente tem como sinônimo **morphé** / μορφή. Convencionou-se então traduzir esse duplo termo como *forma*. As realidades sensíveis são compostas por dois princípios: matéria (**hýle** / ⌷λη) e *forma* (*Fís.*, II, 1; IV, 3). A forma, assim, é uma causa: **aitía** / αἰτία (*Fís.*, II, 3, 7).

• *Sentido psicológico*: idéia mental. Encontra-se **eîdos** com esse sentido em Diógenes de Apolônia (fr. 8) e em Parmênides (fr.

VI, 4); neste último, o plural é **eidótes** / εἰδότες. Mas também é encontrado em Platão, na esteira de Sócrates; este emprega então de preferência **idéa**; assim é a idéia do Bem que temos em nosso pensamento (*Crátilo,* 418e; *Rep.*, VII, 534b): a idéia do Ser, obtida pelo raciocínio (*Sofista*, 254a).

- *Sentido lógico*: idéia geral, ou imagem da essência universal das coisas no pensamento. A idéia mental, quando adquire um sentido que pode definir toda uma classe de idéias, torna-se essência lógica. É assim que, em *Fedro* (249b-c), Sócrates incentiva os ouvintes a adquirir a idéia (**eîdos**) por meio de um exercício racional que vai da multiplicidade das sensações à unidade. Essa palavra pode então assumir o sentido de *espécie*; em *Parmênides* (129d-e), são enumerados três pares de contrários: semelhança e dessemelhança, pluralidade e unidade, repouso e movimento. Para Aristóteles, a definição (**horismós** / ὁρισμός) de um ser não é feita de acordo com a matéria, mas com a forma (**eîdos**) (*Met.*, Z, 10). Em outro lugar, ele vê o **eîdos** como a espécie no gênero (**génos**) (*Fís.*, IV, 3). É nesse sentido de *espécie* que o termo às vezes é empregado: há quatro espécies de realeza (*Pol.*, **IV**, IV, 24); três espécies de retórica (*Ret.*, **I**, III, 1); três espécies de desprezo (*ibid.*, **II**, II, 2).

1. Não se deve dizer "*idealismo*" platônico" pretextando-se que a filosofia de Platão é doutrina das Idéias. O idealismo é uma teoria que vê o pensamento como única existência ou como fundamento da realidade; ora, as Idéias platônicas, único fundamento da realidade, existem realmente fora do pensamento: portanto, é um realismo e até um hiper-realismo.

eikasía (he) / εἰκασία (ἡ): conjectura.

Em Platão, conhecimento indireto dos objetos sensíveis, primeira etapa da dialética (*Rep.*, VI, 511e; VII, 537a).

eikón (he) / εἰκών (ἡ): imagem. Latim: *imago, simulacrum, species.*

Reprodução de um objeto sensível (por obra de arte) ou de uma realidade inteligível (pela natureza).

Esse termo deu origem ao particípio presente do verbo **eíkein** / εἴκειν, parecer, que tem como derivado **eikasía** / εἰκασία: percepção, conjectura. Tem como sinônimo usado pelos filósofos clássicos, **mímema** / μίμημα: cópia.

Já se encontra a palavra **eikón** em Pitágoras: "Os homens são imagem de Deus" (Temístio, *Discurso*, XV[1]). Em Platão, os objetos sensíveis são imagens das Realidades inteligíveis (*Rep.*, VI, 520a), assim como estas são imagens do Bem (*ibid.*, VII, 533a). As obras de arte, por sua vez, são apenas imagem da realidade sensível (*ibid.*, VII, 402c). Plotino, apesar do que se poderia esperar, usa pouco essa palavra: o Espírito (**noûs**) é a imagem do Uno (**hén**) (V, I, 7). O mundo sensível é imagem do mundo inteligível (**VI**, III, 1), mas também imagem da Alma universal (**II**, III, 18); o tempo é imagem da eternidade (**III**, VIII, 1).

Sinônimo: **mímema (tó)** / μίμημα (τό). Os corpos "são imagens dos seres eternos: **mimémata tôn aeì ontôn** (*Timeu*, 50c). O pintor, assim como o poeta, é um imitador: **mimetés** / μιμητής, e sua arte uma imitação: **mímesis** / μίμησις (*Rep.*, X, 597c-605c). Aristóteles retoma essa teoria com as mesmas palavras em sua *Poética* (I-VI). Plotino repete, desse novo modo, que os corpos são "imagens dos Seres": **mimémata tôn ontôn** (**III**, VI, 11), e que o mundo sensível é imagem do mundo inteligível (**II**, IV, 4).

1. Mas essa citação de um comentador tardio (século IV de nossa era) talvez seja uma interpretação.

eînai / εἶναι: ser. (infinitivo) Latim: *esse*.

Substantivado: **tò eînai**: o Ser. *v.* **ón**.

eleuthería (he) / ἐλευθερία (ἡ): liberdade.

• *Moral*. **a.** de ação (Xenofonte, *Memorabilia*, **I**, II, 6; **II**, I, 11; Epicuro, *Sentenças*, 77; Plotino, **III**, III, 4). **b.** íntima. (Platão, *Fédon*, 114e; *Teeteto*, 175e; Epicteto, *Leituras*, **II**, I, 21-23; **IV**, I; Marco Aurélio, VIII, 1).

• *Política*. (Platão, *Leis*, III, 693c-694a; Aristóteles, *Pol.*, **VI**, II, 1-2).

empeiría (he) / ἐμπειρία (ἡ): experiência.

Em Platão, as artes (**tékhnai**) nasceram da experiência (*Górgias*, 448c), que se opõe à ciência (**epistéme**) (*Rep.*, III,

409b). Em Aristóteles, é a partir da experiência que se atingem a arte e o raciocínio (*Met.*, A, 1).

enantíos / ἐναντίος: contrário.

enantíosis (he) / ἐναντίωσις (ἡ): contrariedade.

A noção de contrários é, em primeiro lugar, cosmológica; para justificar a ordem da natureza, os filósofos defendem a harmonia dos contrários; é o que fazem os pitagóricos (Nicômaco, *Aritmética*, II; Proclos, *Comentário de Timeu*, III, 176); Heráclito (fr. 10); Crisipo (Aulo Gélio, *Noites áticas*, VI, 1). Com base no curioso argumento da sucessão dos contrários (vivo = alma, nasce do morto = corpo), Platão procura fundamentar a imortalidade da alma (*Fédon*, 70c-72c). A noção de contrário, em segundo lugar, é lógica: Aristóteles a analisa nas *Categorias* (XI) e na *Metafísica* (Δ, 10).

enérgeia (he) / ἐνέργεια (ἡ): ato. Latim: *actus*.

O que existe na realidade, oposto à potência (**dýnamis**), que só existe como possível (**dynatón**).

Derivado do verbo **energéo**: ajo, trabalho, que por sua vez é composto de **érgon** / ἔργον, *trabalho*, e de **en**: *em*. A **enérgeia** é, em primeiro lugar, a força, a energia, a operação; em segundo, metafisicamente, é a ação que, agindo sobre o ser em potência, realiza o que só era possível. Por fim, metafisicamente, é o próprio ser realizado.

Aristóteles escreve: "O ato consiste em existir na realidade" (*Met.*, Θ, 6). E dá como exemplo Hermes, que é potência na madeira e realidade na estátua. O ato está para a potência assim como a forma (**eîdos**) está para a matéria (**hýle**). Paradoxalmente, o ato, por ser o real, é anterior à potência; ele é primeiro:

– Nocionalmente e por essência (a casa está primeiramente no espírito do arquiteto para poder ser construída);
– Cronologicamente, visto que sempre existe um ser em ato da mesma espécie antes um ser em potência.

– Substancialmente: se remontarmos do efeito à causa, encontraremos uma primeira substância preexistente.
– Em si: os atos eternos, que nada têm de potencial, são anteriores a tudo o que é temporal e corruptível.

A alma (ou seja, de fato, a vida) é o ato do corpo. Para exprimir isso, Aristóteles usa outro termo, **entelékheia** / ἐντελέχεια, que é de algum modo o superlativo de **enérgeia** (*De an.*, II, 2). Esses graus no ato, para Aristóteles, são uma oportunidade de distinguir o *ato primeiro* do *ato segundo*. O ato primeiro é a alma a animar o corpo; o ato segundo, mais completo, é a alma a exercer suas funções através do corpo (*ibid.*). Outra relatividade do ato em sua progressividade: o ato pode ser integral, tal como o ato da alma no corpo; ou pode ser parcial e estar sujeito a aumento: a inteligência é ignorante antes do saber, mas ela está como potência de ciência; a menor aquisição a faz passar ao ato, mas a um ato parcial, e a potência continua grande; aos poucos, o ato crescerá e a potência diminuirá (*Met.*, Θ, 78; *De an.*, II, 5). Assim se chega a conceber um ser que seria incapaz de potência, estando em ato de si mesmo por natureza e eternamente; é o Ato puro, ou, mais exatamente, o Ato em ser (**enérgeia oûsa** / ἐνέργεια οὖσα), ou ainda o Ato por si (**enérgeia kath'hautén** / ἐνέργεια καθ' αὑτήν), que se identifica com Deus (*Met.*, Λ, 7).

Na sensação e na contemplação, Aristóteles desenvolve uma teoria finalista baseada na perfeição que o ato constitui. Por um lado, o ato do sentido atinge a perfeição quando encontra o melhor de seus objetos e propicia assim o maior prazer sensorial (*Ét. Nic.*, X, IV, 6); por outro lado, o ato do espírito (**theoría**) atinge a perfeição quando atinge seu objeto mais perfeito e propicia assim a verdadeira felicidade (*ibid.*, X, VII, 1). Essa doutrina não se coaduna com outra, segundo a qual "o ato por excelência é o movimento (*Met.*, Θ, 3)", pois o Ato por si é também o primeiro Motor imóvel; Aristóteles tenta conciliar as coisas em *De anima* (III, 7), chamando o movimento um ato inacabado, imperfeito (**atelés** / ἀτελής), em oposição ao ato absoluto (**haplôs** / ἁπλῶς, advérbio).

Plotino dedicou um tratado (bastante curto) aos termos *em potência* e *em ato* (**II, V**). Nele, mostra que os inteligíveis (**noetá** / νοητά) estão eternamente em ato, pois não participam da matéria, que é a potência. Proclos, de modo totalmente aristotélico, afirma que um ser passa da potência ao ato pela ação de um ser em ato (*Teologia*, 77).

enkráteia (he) / ἐνκράτεια (ἡ): império sobre si mesmo.

Termo especificamente estóico (Epicteto, *Manual*, X).

entelékheia (he) / ἐντελέχεια (ἡ): enteléquia.

Latim: *actus*.

O ato (**enérgeia**) em sua perfeição.

Composto de **télos** / τέλος, que quer dizer *fim, finalidade*, esse termo marca certa perfeição. No entanto, em Aristóteles, que inaugura o seu uso, ele assume dois significados: 1. sinônimo de **enérgeia**. 2. perfeição da **enérgeia**.

No livro Θ da *Metafísica*, Aristóteles opõe a *potência* (**dýnamis**) à enteléquia, definindo esta como potência ativa (cap. 1; também Γ, 4, 1007b). Portanto, aqui há equivalência entre **enérgeia** e **entelékheia**.

No *De anima* (II, 1, 5), ele apresenta a alma como enteléquia primeira (**próte** / πρώτη) de um corpo, ou seja, seu *ato* imediato e definitivo, no qual não permanece nenhuma potência passiva.

Plotino, em seu tratado *Da imortalidade da alma* (**IV**, VIII, 8), retoma a definição de Aristóteles: a alma é a forma (**eîdos**) de um corpo natural e organizado que possui a vida em potência.

epagogé (he) / ἐπαγωγή (ἡ): indução, epagoge.

Lógica. Raciocínio que vai do singular ao geral. Seu estudo é desenvolvido por Aristóteles em *Primeiros analíticos* (II, 23).

epékeina / ἐπέκεινα: adv. e prep.: além.

Marca a transcendência absoluta: "O Bem está além do Ser (**ousía** / οὐσία) (Platão, *Rep.*, VI, 509b). "O Uno está além de todas as coisas e do Espírito..." (Plotino, **V**, III, 13); "além do Ser" (**VI**, II, 3). "O que está além do Ser (**ousía**) está também além do pensamento" (**tò noeîn** / τὸ νοεῖν) (*ibid.*, **V**, VI, 6). Para ver aquilo que está além do inteligível, é preciso afastar todo inteligível" (*ibid.*, **V**, V, 6).

eph'hemîn (tá) / ἐφ' ἡμῖν (τά): o que é de nós.
(o que é nosso).

Locução estóica que indica a limitação da liberdade: "O que é nosso é a opinião (**hypólepsis**), a tendência (**órexis**), a inclinação (**ékklisis**) (*Manual*, I, 1). O contrário, "o que não é de nós": **tà ouk eph'hemîn** / τὰ οὐκ ἐφ' ἡμῖν.

epieíkeia (he) / ἐπιείκεια (ἡ): eqüidade.

Aplicação justa aos indivíduos de uma lei cega para os indivíduos (Aristóteles, *Ét. Nic.*, **V**, X, 1-8).

epistéme (he) / ἐπιστήμη (ἡ): ciência. Latim: *scientia*.

A ciência, conhecimento do universal.

O objeto da ciência difere de acordo com as diferenças do pensamento metafísico; o Universal pode ser: ou uma Realidade transcendente à inteligência, ou um conceito na inteligência.

• Em Platão, a ciência tem como objeto o Mundo inteligível, as Essências (*v. eîdos*): são as Realidades verdadeiras (*Fedro*, 247d); o que existe em si (*Fédon*, 75d), o Ser (*Teeteto*, 186d, *Filebo*, 58a), ou também os Seres (*Teeteto*, 187b; *Filebo*, 62a).

• Em Aristóteles, "a ciência é o conceito do universal e do necessário" (*Ét. Nic.*, **VI**, VI, 1); "Ela tem por objeto aquilo que existe necessariamente e é por isso eterno" (*ibid.*, **VI**, III, 2). No entanto, esse absoluto não é atingido imediatamente, por intuição, mas por indução ou silogismo. Assim, "a ciência é uma disposição que permite a demonstração" (*ibid.*, **VI**, III, 4).

Cabe aqui aprofundar as doutrinas desses dois grandes teóricos.

Platão opõe ciência e opinião (**dóxa**. *v. essa palavra*). Uma tem como objeto o Mundo inteligível; a outra, o mundo sensível. Ou ainda: a ciência atinge o Ser absoluto, enquanto a opinião atinge o ser relativo (*Rep.*, 479c-480a). Ou ainda: a ciência nos dá a conhecer os Princípios (**arkhaí**. *v. essa palavra*) na realidade deles, enquanto a opinião nos dá apenas a imagem dos princípios. Passa-se de uma à outra por meio de uma ascensão mental que é a *dialética* (*v. essa palavra*).

Aristóteles situa a ciência num conjunto de conhecimentos. Na *Metafísica* (A, 1, 980a-982a), estes são, em ordem ascendente: sensação, experiência, arte, ciência e sabedoria. É pouco perceptível a diferença entre estas duas últimas, pois a sabedoria é definida como certa ciência que tem por objeto as causas e os princípios, ao passo que, mais adiante (A, 3), a ciência é definida como o conhecimento das causas primeiras e dos princípios. Na *Ética nicomaquéia* (VI, III, 1), são: arte, ciência, prudência, sabedoria e inteligência; sabedoria inclui ciência e inteligência. Contudo, como os princípios vêm a diversificar-se, a ciência logo é empregada no plural, e Aristóteles distingue da filosofia primeira, ou teologia, a ciência matemática e a ciência física (*Met.*, E, 1; K, 4); e, como a Natureza comporta princípios, a física será definida como "ciência da Natureza" (*Fís.*, I, 1).

epithymía (he) / ἐπιθυμία (ἡ): **desejo.** Latim: *concupiscentia.*

Faculdade irracional da alma.

Mesmo radical de **thymós**; coração, apetite, mas situado um nível abaixo, habitualmente arrolado com as paixões (**páthe**).

Platão atribui-lhe o mais baixo dos poderes da alma, com sede no ventre, presidindo a vida vegetativa (*Rep.*, IX, 584e); é regida pela virtude da temperança: **sophrosýne** / σωφροσύνη (*ibid.*, 591c-d). *v.* **areté**. Cada um de nossos desejos cobiça seu objeto específico (*ibid.*, IV, 437e). O homem tirânico é o homem do desejo (**epithymetikós** / ἐπιθυμητικός), que não sabe governar suas paixões e exerce no Estado um governo desastroso (*Rep.*, IX, 571a-580c). Aristóteles põe o desejo entre as paixões em *Ética nicomaquéia* (**II**, V, 1) e em *Ética eudeméia* (**II**, II, 4).

Entre os estóicos, é uma das quatro paixões cardeais (Cícero, *Tusc.*, IV, 21; Diógenes Laércio, VII, 113-114) e diversifica-se em sete paixões: insaciabilidade (**spánis** / σπάνις), ódio (**mîsos** / μίσος), amor (**éros** / ἔρως), agressividade (**philoneikía** / φιλονεικία), cólera (**orgé** / ὀργή), arrebatamento (**thymós** / θυμός), ressentimento (**mênis** / μῆνις). Plotino trata do assunto na *IV Enéada* (IV, 20-21, 28).

epokhé (he) / ἐποχή (ἡ): suspensão. Latim: *epoche.*

Mais exatamente: suspensão do juízo. Método observado pelos filósofos da escola cética de Pírron, que, considerando que tudo é duvidoso, nunca pronunciavam nenhum julgamento sobre qualquer coisa, tencionando com isso obter a **ataraxía**, ou tranqüilidade de espírito (Sexto Empírico, *Hipot.*, I, 13-17).

eristikós / ἐριστικός: erístico.

Essa palavra quer dizer: "referente à disputa". A erística, desde o século IV a.C., era uma arte da discussão, para vencer o adversário sem preocupação com a verdade; apenas a habilidade da argumentação era considerada. Euclides, discípulo de Sócrates, fundou em Mégara uma chamada escola *erística*, que Platão freqüentou na juventude.

éros (ho) / ἔρως (ὁ): amor. Latim: *desiderium, libido, amor, cupiditas.*

Movimento que leva a alma em direção a um objeto; de acordo com o autor considerado, o amor é visto como paixão, devido a seu caráter irracional, ou como uma atração divina pela Beleza.

Plotino, em seu tratado *Do amor* (*Perì érotos* / Περὶ ἔρωτος), que é o V tratado da *III Enéada*, começa com a seguinte pergunta: "O amor é um deus, um demônio ou uma paixão da alma?" É os três, motivo pelo qual esse conceito é bastante marginal à filosofia. É um deus da mitologia, criador e inspirador da paixão amorosa, uma pequena personagem divina denominada Cupido, encarregado de inflamar o coração dos homens. Para os estóicos, **éros** não tem personalidade: é uma paixão (**páthos**. *v. essa palavra*), mais precisamente um desejo (**epithymía**. *v. essa palavra*), que eles definem como "desejo de unir-se a alguém devido à sua beleza" (D.L.,VII, 113).

Parmênides (fr. 13) menciona incidentemente Eros, mas trata-se de um simples sorriso poético para a mitologia. Será preciso esperar Platão para ter uma filosofia grandiosa do amor, coerente com seu sistema. A alma humana, caindo do mundo inteligível num corpo (*Fedro*, 245-249), sente em seu exílio terrestre saudade do paraíso perdido. É **éros**, cuja natureza o *Banquete* nos permite entender por meio de uma alegoria, o nascimento de Eros; este tem como pai Ganho[1] (**Póros** / Πόρος) e como mãe Indigência (**Penía** / Πενία), de tal modo que, carente como a mãe, ele aspira à opulência do pai (*Banquete*, 203c-d); o amor, portanto, é principalmente uma tendência. Mas também é um estado emotivo: **manía** / μανία, quando encontra na beleza terrestre a lembrança da Beleza celeste (*Fedro*, 250a). Contudo, o objeto do amor não é a beleza, mas a fecundidade na beleza (*Banquete*, 206b): a beleza é apenas a oportunidade de fazer surgir o amor fecundo (*Fedro*, 250). Platão tem o cuidado de esclarecer que essa beleza e, portanto, essa fecundidade são duplas: "quanto ao corpo e quanto à alma" (*Banquete*, 206b-c). Por isso que há dois amores: o amor vulgar (**pándemos éros** / πάνδημος ἔρως), que é atraído pela beleza do corpo e só tem fecundidade corporal, e o amor celeste (**ouránios éros** / οὐράνιος ἔρως), que é atraído pela alma e tem fecundidade espiritual (*Banquete*, 180d). "O perverso é o amante vulgar [...] que ama o corpo e não a alma" (*ibid.*, 183d). O verdadeiro amante galga seis graus de afeição, que o levam até o ápice do conhecimento, ou filosofia: amor por um belo corpo, amor pela beleza física em geral, amor pela beleza espiritual, amor pela beleza moral (regras de conduta), amor pela beleza do conhecimento, amor pela Beleza absoluta, ou Essência da Beleza (*Banquete*, 210-211).

O tratado *Do amor* de Plotino pouco mais é que um longo e difícil comentário sobre Platão, no qual ele complica as relações entre a alma e a absoluta Beleza. O mesmo ocorre com a descrição da alma inflamada pelo amor na última *Enéada* (**VI**, VII, 34-35). Mais adiante (**VI**, VIII, 15), ele atribui ao Bem, Princípio dos seres e causa de si mesmo, o Amor supremo: "Ele é ao mesmo tempo o Amado (**erásmion** / ἐράσμιον[2]), o Amor e o amor por si mesmo."

1. Não usamos *riqueza*, que é do gênero feminino. Platão, aliás, absteve-se de empregar Euporía / Εὐπορία, que também é feminino.
2. O nome de batismo de Erasmo era Desidério (desejo); como bom humanista, escolheu mais tarde o equivalente grego latinizado, *Erasmus*.

eudaimonía (he) / εὐδαιμονία (ἡ): felicidade.
Latim: *felicitas, beatitudo.*

Formado por **daímon** / δαίμων, *espírito*, e **eu** / εὐ, *bem*, significa estado de contentamento estável no qual se encontra o espírito.

A felicidade é o objetivo da sabedoria. O sábio é então **eudaímon** / εὐδαίμων: feliz. A primeira filosofia, na época jônica, está voltada para o mundo, para o objeto; seu objetivo é saber. Assim começa a *Metafísica* de Aristóteles: "Todos os homens, por natureza, desejam saber (**eidénai** / εἰδέναι)." Os pitagóricos, sob a influência da religião órfica, somam ao saber a felicidade pessoal; depois, Sócrates condena a curiosidade objetiva para substituí-la pela preocupação com a interioridade (Xenofonte, *Memorabilia*, **I**, I, 11-16; Platão, *Apologia de Sócrates*, 20c-23c). Os dois autores que estabelecem os grandes sistemas de filosofia, Platão e Aristóteles, são herdeiros das duas correntes e têm em mira a metafísica e a moral, juntas. Mas, depois deles, os filósofos passam a considerar que a filosofia especulativa é um simples coadjuvante da sabedoria, cujo objetivo é a descoberta da felicidade.

As palavras de ouro, atribuídas a Pitágoras, ensinam que, para termos uma vida feliz, basta que aprendamos simplesmente o que nos importa (v. 30-31), fórmula vaga que significa nossa perfeição pessoal. Mas, segundo Heráclides do Ponto, Pitágoras afirmava que a felicidade reside na contemplação da perfeição dos números (Clemente de Alexandria, *Stromata*, **II**, XXI, 3), o que parece uma citação muito parcial. Árquitas de Tarento, um de seus mais eminentes discípulos, escreveu um tratado *Do homem bom e feliz*, associando assim a felicidade à moral. Nessa mesma época, a idéia de felicidade também aparece em Demócrito (Estobeu, *Écl.*, **II**,VII).Vemos em seguida o sofista Antifonte abordar Sócrates para dizer, zombando, que a filosofia não faz a felicidade; a isso Sócrates responde que esta não está nas riquezas e nas honrarias (Xenofonte, *Memorabilia*, **I**,VI, 2-10). Depois, vemos Aristipo de Cirene pôr a felicidade na liberdade, situação estranha tanto à escravidão quanto ao poder político (*ibid.*, **II**, I, 11).

Na *República* (IV, 420b), Platão exprime uma opinião ao mesmo tempo democrática e dirigista da felicidade: o Estado não tem como função garantir a felicidade de alguns cidadãos privilegiados, mas tornar felizes todos os cidadãos, cada um na posição que lhe é reservada. Os livros IV a VIII empenham-se em buscar o bem, em seu esplendor metafísico e em sua aplicação política; é apenas no livro IX (576c) que ele associa virtude e felicidade (**areté kaì eudaimonía**). E, visto que a virtude é de essência sobrenatural, os próprios deuses são felizes (*Banquete*, 195a).

Foi Aristóteles que definiu de modo mais rigoroso a felicidade. A *Ética nicomaquéia*, bem mais que um tratado de moral, é um manual da felicidade: todos os homens buscam a felicidade, que é o Bem supremo, e só a encontrarão na perfeita virtude (**I**, IV). E chega-se à famosa definição segundo a qual a felicidade é fruto da atividade mais perfeita do espírito humano de posse de seu objeto mais elevado (**X**, VII, 1). Ora, a faculdade mais perfeita é a parte epistemônica da alma, fonte da virtude dianoética (*v.* **areté**); e seu objeto mais elevado é constituído pelos primeiros princípios (*v.* **psykhé**); a felicidade, portanto, está na contemplação (**theoría**) dos conceitos mais sublimes. Com maior razão, Deus, Princípio primeiro que se contempla a si mesmo (*v.* **nóesis**), está na beatitude perfeita (*Met.*, Λ, 7, 1072b).

Epicuro situa a felicidade na satisfação dos desejos naturais e necessários (*Carta a Meneceu*, D.L., X, 127). O sábio, que é um ser feliz e incorruptível, não tem mais preocupações (*Máximas*, 1). Epicuro, aliás, emprega freqüentemente como sinônimos de **eudaimonía** e **eudaímon** os termos **makariótes** / μακαριότης e **makários**[1] / μακάριος. Assim, "o prazer (**hedoné**) é o começo e o fim da vida bem-aventurada" (D.L., X, 128), e um deus é um ser imortal e bem-aventurado (**makários**) (*ibid.*, X, 123).

Para os estóicos também, o bem do homem está na **eudaimonía**; ela invade o homem que, ao contrário do epicurista, já não tem nenhum desejo (Epicteto, *Leituras*, **IV**, XXIV, 16-17), que fica indiferente aos acontecimentos (Epicteto, *Manual*, 8; Marco Aurélio, XI, 16). Aliás, essa é a finalidade do homem, pois "Deus criou todos os homens para a felicidade" (Epicteto, *Leituras*, III, XXIV, 2).

Sexto Empírico, assim como os céticos, afirma que a felicidade é impossível; pois, segundo epicuristas e estóicos, ela nasce da ausência de perturbação (**ataraxía**); ora, esses filósofos estão permanentemente à procura da felicidade, fonte de perturbação; de tal modo que eles nunca a atingem (*Adv. mor.*, IV, 110-111).

Plotino dedicou um opúsculo à felicidade (**Perì eudaimonías**, I, IV). A felicidade consiste na vida (**zoé** / ζωή). E, como há uma hierarquia das felicidades, a felicidade completa é a felicidade do homem que cumula as vidas vegetativa, sensitiva e intelectual, e a felicidade mais perfeita é a do homem que utiliza melhor a vida intelectual.

1. Em outros autores, não filosóficos, feliz também é dito **mákar** e **makarítes**, e a felicidade é **makaría**.

euthymía (he) / εὐθυμία (ἡ): bem-estar.

Demócrito punha o soberano bem no bem-estar (D.L., IX, 45). Segundo Sêneca, esse é outro nome dado pelos estóicos à **ataraxía** (*De tranq. an.*, II).

génesis (he) / γένεσις (ἡ): geração, gênese.

Nascimento, vinda ao ser. O primeiro livro da Bíblia (chamado em hebreu *bereshit*) chama-se em grego **Génesis**, nascimento do mundo, *Gênese*.

A geração é uma das duas transformações fundamentais, que afetam a própria substância: geração, que faz aparecer uma nova substância, e corrupção (**phthorá**), que a destrói. As outras transformações são mudanças na substância, que continua a mesma. *v.* **kínesis**.

Platão aborda o par geração-corrupção no *Parmênides* (136b-c), num grupo de relações que inclui semelhança e dessemelhança, movimento e repouso, Ser e não-ser. Em *Fédon* (71a-c), pretende mostrar que a geração é feita do contrário pelo contrário. É Aristóteles que dá maior importância a esse par metafísico, dedicando-lhe uma obra, **Perì genéseos kaì phthorâs** / περὶ γενέσεως καὶ φθορᾶς. Em *Categorias* (XIV), ele enumera seis espécies de movimento, entre os quais geração e corrupção, além de alteração (**alloíosis**), aumento, diminuição e mudança de lugar (movimento). Em *Física* (I, 7), ele mostra que a geração provém de duas causas: o sujeito (ou substrato), **hypokeímenon**; e a forma, **morphé**.

Sexto Empírico é autor de um famoso sofisma para estabelecer que a geração é um mito: "Sócrates nasceu quando não era ou quando era; se dizemos que Sócrates nasceu quando era, ele nasceu duas vezes; se dizemos que nasceu quando não era, ele era e não era ao mesmo tempo." Por isso, a geração é ininteligível (*Hipot.*, III, 16).

génos (tó) / γένος (τό): gênero. Latim: *genus*. Plural: géne (ta) / γένη (τά).

Do verbo **gígnomai** / γίγνομαι, nasço, venho a ser, existo. No primeiro sentido, **génos** é raça, gênero no sentido de gênero humano. No segundo sentido, filosófico, designa um mesmo gênero de seres.

Esse termo, pouco definido, compreende de qualquer maneira: ou um grupo de seres humanos, pelo sangue e pela função: "a raça dos deuses" (Platão, *Fédon*, 43b); ou um conjunto de seres: Platão opõe dois gêneros de produção: as produções da natureza, que podemos dizer divinas, e as da arte humana (*Sofista*, 256e); ou (e chegamos à filosofia) uma essência (metafísica) ou um gênero (lógico).

Em *Timeu* (39e-40a), Platão distingue quatro espécies de viventes: a dos deuses, a dos pássaros, a dos peixes e a dos viventes terrestres; em *República* (V, 477c-e), são gêneros de faculdades mentais (**dynámeis**). Mais séria é a distinção dos cinco gêneros supremos no *Sofista* (254b-256d), ao mesmo tempo metafísica e lógica: Ser (**ón**), repouso (**stásis**), movimento (**kínesis**), o mesmo (**autó**) e o outro (**héteron**). *v. todas essas palavras*. Aliás, Platão designa também esses diferentes gêneros com a palavra **eîdos** (essência e espécie).

Aristóteles dedica uma nota à palavra **génos** em seu pequeno vocabulário filosófico (*Met.*, Δ, 28), no qual ele atribui a essa palavra todos os sentidos correntes: raça, espécie, essência. Em *Categorias* (V), coloca o termo na nota dedicada à substância (**ousía**), pois distingue a substância primeira (**próte**), que é o indivíduo, e a substância segunda (**deútera**), essência, gênero ou espécie (**eîdos**); ora, a espécie está submetida ao gênero (o gênero é comum às espécies) e assim está próxima (menos segunda) da substância primeira. Em *Física* (I, 6), considera a própria substância um gênero do ser (**génos toû óntos**). Em *Tópicos* (I, 4-5), Aristóteles põe o gênero entre os predicáveis, ou seja, os objetos sobre os quais versa o raciocínio, com a definição (**hóros**), o próprio (**ídion**) e o acidente (**symbebe-**

kós); e define o gênero como: "Um atributo que pertence essencialmente a várias coisas especificamente diferentes."

Plotino escreveu três tratados sobre os gêneros do Ser: **Perì genôn** / Περὶ γενῶν (**VI**, I, II, III). O primeiro é uma crítica minuciosa das dez categorias de Aristóteles, que são afastadas como gêneros; o segundo é uma análise dos cinco gêneros supremos de Platão, que são adotados; o terceiro é uma aplicação das categorias ao mundo sensível, onde tampouco encontram graça.

Porfírio publicou um opúsculo famoso, chamado *Isagoge* (**eisagogé** / εἰσαγωγή), ou seja, *introdução* às *Categorias* de Aristóteles. Os cinco "predicáveis" são: gênero, espécie, diferença, próprio, acidente; *v*. **kategoría**. As espécies (**eíde**) são subordinadas aos gêneros, ao mesmo tempo que têm diferenças entre si; assim, uma definição (**horismós**) deve ser feita pelo gênero e pela diferença específica. De modo mais sutil, ela deve recorrer à imbricação entre gêneros e espécies; é a árvore de Porfírio, com o seguinte exemplo:

Substância (= gênero supremo) ⇒ corpos ⇒ corpo animado ⇒ animal ⇒ animal racional ⇒ homem (espécie especialíssima) ⇒ Sócrates (indivíduo).

Entre o gênero supremo e o indivíduo, pode-se chamar cada conceito de espécie, porquanto contido no gênero superior, e de gênero, porquanto contém a espécie inferior.

Sexto Empírico dedicou-se a acrobacias erísticas para contestar as noções de gênero e espécie (*Hipot.*, **II**, XX).

gnôsis (he) / γνῶσις (ἡ): conhecimento.

Platão opõe o conhecimento à ignorância (**agnosía** / ἀγνωσία) e à opinião (**dóxa**) (*Rep.*, V, 479d-480q).

gnôthi sautón / γνῶθι σαυτόν: "Conhece-te a ti mesmo."

Fórmula atribuída pela primeira vez por Antístenes a Tales (D.L., I, 40). Segundo Demétrio de Falero, seu autor seria Quílon de Lacedemônia (Müllach, fr. 3). É também encontrada em Pítaco (*Sentenças*, 16). Sócrates viu-a inscrita no frontispício do templo de Apolo em Delfos (Xenofonte, *Mem.*, **IV**, II, 24). *v.* Epicteto (*Leituras*, **I**, XVIII, 17).

haploûs / ἁπλοῦς: simples. neutro: haploûn.

Diz-se de uma substância simples, em oposição a uma composta (Aristóteles, *Met.*, E, 4). O advérbio **haplôs** / ἁπλῶς às vezes é empregado no sentido absoluto. "Aquilo que não é (**tò mè ésti** / τὸ μὴ ἔστι) absolutamente" (Platão, *Parmênides*, 163c).

harmonía (he) / ἁρμονία (ἡ): harmonia. Latim: *harmonia*.

Qualidade de ordem e organização inerente ao *cosmos*.

Esse termo já é abundantemente encontrado nos pitagóricos. Para eles, o conjunto dos seres é estabelecido de acordo com a harmonia (D.L., VIII, 33; Hipólito, *Contra as heresias*, **I**, II, 13); as relações entre os números constituem harmonias (Aécio, **I**, III); a alma humana é uma harmonia (Filolau, fr. 13; Macróbio, *Sonho de Cipião*, **I**, XIV, 19); a justiça é uma harmonia da alma (Ateneu, IX, 54), assim como a virtude em geral (D.L., VIII, 33).

Heráclito professa uma harmonia dos contrários (fr. 8 e 10); mas é uma harmonia oculta (fr. 54). Assim também, para Nicômaco (*Aritmética*, II): "A harmonia é universalmente a concordância dos contrários."

Também em Platão, o mundo é um conjunto harmonioso (*Epínomis*, 991e), organizado pelo Demiurgo (*Timeu*, 56c). Mas, sobretudo, a virtude é a harmonia da alma (*Laques*, 188d; *Timeu*, 90d) e a justiça é a harmonia das virtudes (*Rep.*, IV, 443); a vida política é resultante de uma harmonia entre governantes e governados (*Rep.*, IV, 430e). Quanto à música, deve esforçar-se por imitar a harmonia divina (*Timeu*, 80b).

Os estóicos empregaram muitos sinônimos para designar a harmonia do mundo: **diakósmesis** / διακόσμησις (D.L., VII, 158); **symphonía** / συμφωνία (Epicteto, *Leit.*, **I**, XII, 16); **diátaxis** / διάταξις (*ibid.*, XII, 17); **sympátheia** / συμπάθεια (*ibid.*, XIV, 1); ***episýndesis*** / ἐπισύνδεσις (Marco Aurélio, VI, 38); ***sýndesis*** / σύνδεσις (*ibid.*, VII, 9): ***hénosis kaì táxis*** / ἕνωσις καὶ τάξις, união e ordem (*ibid.*, VI, 10).

Também para Plotino, o mundo, esse "ser vivo inigualável", está em simpatia (**sympathés** / συμπαθής) consigo mesmo; ou então está de acordo (**sýmphronos** / σύμφρωνος) consigo mesmo. Ele é ordem: ***táxis*** / τάξις (**IV**, IV, 35).

hautós / αὑτός: si mesmo.

Reflexivo de **autós** /αὐτός.

hedoné (he) / ἡδονή (ἡ): prazer. Latim: *voluptas*.

Esse termo abrange todas as nuances de prazer sensório e psíquico. Deriva do radical **hed-**, que se encontra no verbo **hédomai** / ἥδομαι, rejubilar-se, em **hedýs** / ἡδύς, agradável; e em **hédymos** / ἥδυμος, com o mesmo sentido.

Os autores gregos põem o prazer entre as paixões (**páthe** / πάθη, sing. **páthos**), ou seja, os estados recebidos, e não desejados; assim, opõe-se à ação. Isso em seu gênero. Especificamente, os antigos discutem a natureza do prazer. Os cirenaicos, cujo mestre é Aristipo, afirmam que ele é descontínuo e fragmentário; isso porque se limitam ao prazer do corpo (D.L., II, 87); mas Epicuro protesta: essa concepção é indigna de um filósofo; o verdadeiro prazer é contínuo; isso ele declara, entre outras coisas, num fragmento de uma carta dirigida a Anaxarco e conservada por Plutarco: "Preconizo os prazeres estáveis, e não as virtudes ocas, fúteis e desordenadas" (Usener, *Epicurea*, fr. 116). Quanto a Platão, tem uma concepção negativa do prazer: considera-o um estado sucessivo à dor (*Fédon*, 60b). Epicuro tende a isso quando ensina que o prazer consiste em afastar a dor (*Carta a Meneceu*, D.L., X, 128). "Quando dizemos que o prazer é o soberano bem, falamos da ausência de dor física e de perturbação moral" (*ibid.*, X, 131[1]).

Além de sua natureza, o prazer apresentou dois problemas para os filósofos gregos.

- *Classificação*. A classificação mais simples é, evidentemente, aquela que divide os prazeres em físicos e espirituais. Ao contrário dos cirenaicos, que só admitem o prazer do corpo, Epicuro afirma a existência das duas espécies (D.L., X, 136). Platão distingue três espécies de prazer, baseadas nas três partes da alma: vegetativo (o apetite: **epithymía** / ἐπιθυμία), sensório-motor (o coração: **thymós** / θυμός), intelectual (a ciência: **máthesis** / μάθησις); são prazeres encontrados, especificamente, por três homens diferentes: o primeiro, na comida, na bebida e no dinheiro; o segundo, na dominação e na reputação; o terceiro, na filosofia e na verdade (*Rep.*, IX, 580d-583a).

Foram sobretudo os estóicos que se esmeraram na classificação dos prazeres. Diógenes Laércio (VII, 114-115) apresenta uma lista de quatro espécies: alegria maligna, deleite (prazer sensório), divertimento, relaxamento. Cícero acrescenta a vaidade (*Tusc.*, **IV**, IX, 20). Observe-se que Cícero traduz o grego **hedoné** pelo latim *laetitia* (alegria), pois o prazer, para o estóico, é uma atitude puramente interior.

- *Valor moral*. Costuma-se fazer a oposição entre duas atitudes: o hedonismo, que faz do prazer a finalidade das ações e a fonte da felicidade, e o ascetismo ou rigorismo, doutrina que o proscreve da vida como incompatível com a virtude. A primeira atitude tem, na verdade, muitas nuances. Somente Aristipo professa o hedonismo brutal: Xenofonte, fiel à sua concepção, mostra-o "levando o desregramento ao excesso" na alimentação e na lubricidade (*Mem.*, **II**, I, 1). Mas Demócrito ensina que nem todo prazer deve ser praticado: só devem ser escolhidos aqueles que se coadunam com o decoro (Estobeu, *Ant.*, V, 77). Para Epicuro, as fontes são contraditórias. Segundo Cícero, os epicuristas "se envergonham das palavras de Epicuro, segundo as quais ele demonstra que não conhece nenhum bem que não derive dos prazeres dos sentidos e das volúpias impudicas" (*De nat. deor.*, I, 40). Timócrates, citado por Diógenes Laércio (X, 6-7), conta que Epicuro vomitava duas vezes por dia de tanto que se empanturrava, e freqüentava numerosas prostitutas. Mas o próprio Epicuro declara: "Quando dizemos que o prazer é o Soberano Bem, não estamos falando das volúpias dos devassos, nem do gozo carnal [...] É impossível vida feliz sem sabedoria, honestidade e justiça" (D.L., X, 131-140). E Lactâncio: "Epicuro põe o Soberano Bem no prazer do espírito" (*Instituições divinas*, III, 7).

A teoria platônica do prazer, na sua forma mais acabada, é expressa no *Filebo*. Em *Fédon*, tendo voltado recentemente de sua permanência na escola pitagórica de Tarento, Platão professa uma virtude rigorista, segundo a qual a alma não deve ter nenhuma união nem nenhum comércio com o corpo (67a). Em seguida, ele estabelece que, mesmo não sendo o Bem, o prazer desempenha certo papel na virtude, depois da medida (**métron** / μέτρον) e da inteligência (**noûs**) (*Filebo*, 66a-67a). E o prazer encontra assim seu lugar positivo (44a-46a). Por sua vez, Aristóteles, elevando-se acima das doutrinas que vêem o prazer como Soberano Bem ou como mal, empenha-se em mostrar que ele está sempre ligado a algum bem, sensível ou espiritual; e desenvolve sua teoria finalista: todo ato atinge a perfeição quando encontra o melhor de seus objetos e produz assim um prazer proporcional a essa perfeição; assim, o prazer mais perfeito é o prazer da atividade mais elevada do homem, quando ela encontra seu objeto; portanto, o melhor prazer é o da contemplação intelectual (*Ét. Nic.*, **X**, IV-V).

Para os estóicos, prazer e dor não são nossos, pois nos afetam à nossa revelia; portanto, não são um mal, visto que mal e bem provêm de nós; tornam-se mal quando lhes damos nosso assentimento (Epicteto, *Leituras*, **III**, XXIV, 20; Marco Aurélio, VIII, 51; Cícero, *De fin.*, III, 13; *Tusc.*, **II**, XXV, 61). Cleantes, Crisipo e Dionísio de Heracléia escreveram um tratado *Do prazer*.

Locução: **hedonês krátei** (ἡδονῆς κράτει: triunfo do prazer!) (Periandro, *Sentenças*, 13; Pítaco, *Sentenças*, 21).

1. "Epicuro via a felicidade no fato de não ter fome, sede ou frio" (Clemente de Alexandria, *Stromata*, **II**, XXI, l).

hegemonikón (tó) / ἡγεμονικόν (τό): hegemônico.

Termo especificamente estóico: presença em nós da Natureza universal que dirige nossas ações (Marco Aurélio, IX, 26).

hekón / ἑκών: voluntariamente.

hekoúsios / ἑκούσιος: voluntário.

"Só se pode sofrer injustiça involuntariamente" (Aristóteles, *Ét. Nic.*, **V**, IX, 8).

hén (tó) / ἕν (τό), o Uno. Latim: *Unum*.

Esse termo é o neutro do adjetivo numeral **heîs** / εἷς (feminino **mía** / μία). Substantivado, pode ter dois sentidos:

– o Único, a Realidade que se apodera do ser e não tolera outra;
– o Todo (**pân**, **hólon**), a Realidade que reúne tudo em si.

Para Aristóteles, a palavra **hén** teria quatro sentidos: contínuo, unidade-forma, unidade-indivíduo, unidade-universalidade (*Met.*, I [iota], 1).

Encontram-se nesses quatro sentidos quatro noções:

– O contínuo = noção geométrica (a unidade da linha opõe-se à descontinuidade do número).
– Unidade-forma = noção biológica (organismo) ou cosmológica (o mundo). Um conjunto solidário regido por leis: **phýsis**.
– Unidade-indivíduo = noção aritmética (a unidade é o princípio do número; continua idêntica a si mesmo dentro do número, ao mesmo tempo que se multiplica).
– Unidade-universalidade = noção realmente filosófica, embora seja a noção científica por excelência (universalidade dos conceitos, das relações, das leis).

Esses sentidos, porém, têm um significado filosófico:

– O contínuo corresponde ao Uno no sentido de Único, que não admite duplicação nem fracionamento (Parmênides).

– O Uno-forma é a unidade unificante, que recapitula o diverso (Heráclito, os estóicos). Em lógica, é o gênero que contém as espécies.
– A Unidade-indivíduo é o individual em oposição ao geral: a unidade opõe-se quantitativamente à multiplicidade e qualitativamente à diversidade. É, sobretudo, o Primeiro existente, que engendra os outros (Pitágoras, Plotino).
– O Uno universal é o transcendental (no sentido escolástico): a presença do Ser em todos os seres, que lhes permite ser.

O sentido filosófico da palavra evoluiu ao longo dos séculos.

• *Sentido cósmico*: Para os jônios, o Uno é o elemento originário do mundo, que, na verdade, reúne os dois sentidos primeiros: em primeiro lugar, o único, matéria plena; em segundo lugar, o Todo, saído dela. Foi assim que Museu[1], autor mais ou menos mítico, escreveu que tudo nasce do Uno (**ex henós**) e retorna ao Uno (D.L., fr. 39). Assim também Tales declara que o mundo é uno (Aécio, **II**, I, 2); Anaxágoras, que o mundo é uno e indivisível (fr. 8); Heráclito, mais preocupado com a sabedoria do que com a ciência, diz que essa sabedoria consiste em reconhecer que o Todo é uno (fr. 50), e que a lei é obedecer à vontade do Uno (fr. 33). Empédocles, que segue os passos dos jônios, diz mais ou menos a mesma coisa que Museu: o Uno nasce do múltiplo, e o múltiplo do Uno (fr. 26, 8-9). Aristóteles sanciona as diversas fontes: segundo alguns – explica ele – tudo teria saído do Uno (**ek toû henós**); e cita Anaximandro, Anaxágoras e Empédocles (*Fís.*, I, 4); em outro lugar, relata que para alguém o Uno é a Amizade; para outro, o Ar; para outro ainda, até o Indeterminado (*Met.*, I [iota], 2). Seria menção a Empédocles, Anaxímenes e Anaximandro. Por sua vez, Xenofonte, falando do desinteresse de Sócrates por essa espécie de problema, diz: "Alguns ensinam que o Ser é uno; outros, que é de uma multiplicidade incalculável" (*Mem.*, **I**, I, 14).

• *Sentido metafísico*. Aparece com Pitágoras. Para este, a Mônada (**Monás**), Deus, o Bem e o Uno são termos intercambiáveis (Aécio, **I**, VII, 18). O mesmo ocorre com seus discípulos metafísicos. "Árquitas e Filolau chamam, indiferentemente, o

Uno de Mônada, e a Mônada de Uno" (Téon de Esmirna, *Ciências matemáticas*, XX, 19). Segundo Filolau, existe "um Reitor e Mestre de todas as coisas, que é Deus e o Uno" (Fílon de Alexandria, *Criação do mundo*, 23).

Com Parmênides, o Uno já não é Princípio e Fonte dos seres, mas o Único, o Ser que não tolera outro. Era ele sem dúvida um itálico, pois ensinava em Eléia, mas, assim como Pitágoras (mestre de Crotona e Metaponto) era nativo de Samos na Jônia, Parmênides nasceu em Focéia, na Jônia, no ano 540, cinco anos antes da fundação de Eléia pelos foceenses. Seu raciocínio é simples: o Ser, sendo eternamente o mesmo, é perfeito e imutável; portanto, não pode ser Princípio, pois o fato de dar o ser a outros o privaria da totalidade do Ser. Esse Uno é puramente inteligível, pois somente a via da razão pode encontrá-lo, visto que os sentidos só conhecem o múltiplo (fr. II,VI, 4;VIII, 20); uma de suas características é a continuidade, totalmente metafísica, o que significa que não existe falha nele, o que introduziria a imperfeição e a multiplicidade (fr.VIII, 5-6). Essa doutrina é compartilhada por Melisso: se o Ser não fosse Uno, seria limitado (Simplício, *Fís.*, 110, 5; *De caelo*, 555, 14).

O caso de Xenófanes é mais difícil; cronologicamente intermediário entre Pitágoras e Parmênides, é considerado discípulo do primeiro e mestre do segundo, o que se deve tomar em sentido bastante amplo. O Uno, que ele identifica com Deus, é inteiramente espiritual; mas é transcendente ou imanente ao mundo? Aquilo que se chama Uno é simplesmente o único ser espiritual, ou o Todo cuja alma é Deus? *v*. **theós** / θεός: Deus.

• *Depois de Sócrates*. Platão, partidário da existência do múltiplo, admite facilmente que o Ser é o Uno, com a diferença de que o Uno de Parmênides é o Único, ao passo que o de Platão é o Universal, o que faz a unidade do Uno e do múltiplo. Essa é a posição defendida com sutileza em *Parmênides*, no qual Platão, mostrando que a Realidade absoluta e originária reside nas Essências eternas (*v*. **eîdos**), prova pelo absurdo a inconsistência da tese parmenidiana.

Aristóteles, segundo seu método habitual, começa instruindo o processo de seus predecessores, primeiramente na *Física* (I, 2-5), protestando que o exame do problema metafísico do Uno não é da alçada da ciência física (I, 2, 184b); em seguida, na *Metafísica* (A, 3, 5, 8). É então que ele dedica ao conceito do Uno uma longa nota (*Met.*, Δ, 6): diz-se que o Uno é por acidente (**katà symbebekós**) – Corisco e músico são um só –, ou por essência (**kath'hautó**: "em si"); encontram-se então vários tipos de uno: o contínuo no corpo, a unidade física (água, vinho), a indivisibilidade substancial (uma coisa definida como tal). Depois, lembrando que o Uno e o Ser (*v.* **ón**) são idênticos e os mais universais de todos os predicados, constata que nenhum dos dois é substância (*v.* **ousía**) (*ibid.*, Z, 16); e, depois de examinar os diferentes sentidos de Uno, considera a oposição entre Uno e múltiplo (**pollá** / πολλά, pl. neutro de πολύς, numerosos), entre indivisível e divisível, entre o mesmo e o outro, entre o semelhante e o dessemelhante (*ibid.*, I [iota], 3-6). Essas discussões se encontram no livro N, capítulos 1-6.

Os estóicos não costumam utilizar o termo **hén**; preferem **pân**, o Todo. Marco Aurélio escreve, incidentemente, que "o mundo é uno (**heîs**) constituído pelo Todo, que Deus é Uno formado de tudo, que a substância é lei única, razão única e comum, verdade única [...]" (VII, 9).

Plotino, retomando o princípio pitagórico, atribui ao Uno toda a sua importância metafísica. Dedica-lhe os três últimos tratados da *VI Enéada*[2]: *Do Bem, Da liberdade e da vontade do Uno, Do Bem ou do Uno*, bem como o primeiro da *V Enéada: As três hipóstases primitivas*. O Uno é a primeira Hipóstase, primeiro Princípio, Deus, eterno e perfeito; é pensamento de si mesmo, livre querer, embora só podendo aquilo que participe de sua perfeição. "O Uno é perfeito porque nada busca, nada possui e de nada necessita. Sendo perfeito, superabunda, e essa superabundância produz outro, que não é ele" (**V**, II, 1). Mas o Uno não tem determinação, pois não é nenhuma das realidades que dele recebem existência; essa é sua absoluta transcendência, o que o torna inefável. A hipóstase que dele procede imediatamente é o Espírito (**noûs**).

Proclos segue Plotino: todos os seres procedem do Uno, e o Uno é idêntico ao Bem (*Teologia*, 1-13).

1. Era considerado ateniense, mas está fortemente impregnado do pensamento jônio, o que mostra ser ele mais tardio do que desejaria a lenda, que diz ser ele contemporâneo de Orfeu.
2. Porfírio, em sua edição da obra de Plotino, atribuiu a esses tratados os três últimos lugares (52, 53, 54); na realidade, são cronologicamente os números 38, 39 e 9.

héteros / ἕτερος: outro. Latim: *alter.*

Ao contrário do **állos** / ἄλλος (latim: *alius*), que é "outro" plural, **héteros** é "outro" singular: ele é um de dois. Em *Sofista* (256d-258c), Platão estabelece a existência de um não-ser positivo, mostrando que ele é o outro do mesmo (**autós**), ou seja, do Ser. Aristóteles insiste na *alteridade específica*, mais exatamente, "o outro segundo a espécie": **tò héteron tô eídei** / τὸ ἕτερον τῷ εἴδει; diz-se que duas coisas têm esse caráter quando são de duas espécies no interior do mesmo gênero (*Met.*, I [iota], 8; Δ, 10).

héxis (he) / ἕξις (ἡ): estado, modo de ser, disposição.

Uma das dez *categorias* de Aristóteles, incluída, aliás, na *qualidade* (**poión**) no tratado das *Categorias* (VIII), mas separadamente na *Metafísica* (Δ, 20). Conceito vago, que compreende sobretudo a disposição ou capacidade habitual de produzir ações; entre estas, é preciso distinguir especialmente a virtude (**areté**) (*Ét. Nic.*, II, VI, 15) e a ciência (**epistéme**) (*ibid.*, **VI**, III, 2-4). Epicteto associa-lhe a faculdade: **dýnamis** (*Leituras*, II, XVIII, 1).

hólon (tó) / ὅλον (τό), Universo. Latim: *Universum.*

O conjunto, a totalidade. *v.* **pân, kósmos**.

Aristóteles dedica uma nota a esse termo no livro Δ *da Metafísica* (n.º 26). O **hólon** é aquilo que constitui a unidade (**hén**) das coisas. Faz isso de duas maneiras diferentes: ou essas coisas já têm uma unidade, e o todo está então como o gênero para as espécies, ou elas não têm unidade, e é sua reunião que forma um todo, como no organismo humano.

Pitágoras, segundo Heráclides Lembos, teria escrito um tratado *Do universo*: **Perì toû hólou** (D.L., VIII, 7). Platão emprega incidentemente esse termo, seja no sentido de Universo físico (*Lísis*, 214b), seja para designar a união entre alma e corpo (*Alcibíades*, I, 130a), seja em sentido metafísico (*Rep.*, VI, 486a), seja em sentido aritmético (*Teeteto*, 204b).

Esse termo é empregado constantemente pelos estóicos para designar o conjunto de todas as coisas, o Todo fora do qual nada pode ser. Zenão de Cício escreveu uma obra (perdida) que tinha esse nome (**Perì toû hólou**) (D.L., VII, 143). O homem, segundo Marco Aurélio, é uma parte do Todo: **méros toû hólou** (X, 6).

Plotino utiliza o termo no sentido cosmológico: é um imenso Vivente: **hólon zôon** / ὅλον ζῷον (**II**, I, 3).

homoíosis (he) / ὁμοίωσις (ἡ): assimilação, conformação. Latim: *assimilatio*.

Ação de tornar-se semelhante, de conformar-se a um modelo.

O adjetivo **hómoios** (arcaico: **homós**) significa *semelhante*; o verbo **homoiô** / ὁμοιῶ: tornar semelhante; o sufixo **-sis** / -σις indica ação. Essa noção se impôs sob influência do orfismo, cujos discípulos deviam esforçar-se por assemelhar-se a Dionísio, dilacerado pelos Titãs, imagem do auto-sacrifício.

Não deve surpreender o fato de encontrarmos aqui Pitágoras, que era adepto do orfismo. Segundo esse mestre, "a filosofia é uma assimilação a Deus": **homoíosis théou** (Estobeu, *Écl.*, VI, 3; Plutarco, *De superstitione*, 9; Jâmblico, *Vida de Pitágoras*, 86). Platão, que durante vários anos foi aluno dos pitagóricos, adota também esse ensinamento; a alma, aliás, é *a priori* semelhante às Essências (**eíde**), princípio eterno e perfeito; portanto, como elas, é divina, imortal, inteligente e indissolúvel (*Fédon*, 80a); foi a queda que, provocando a união a um corpo, a privou de suas prerrogativas; somente retornando a esse princípio, graças à dialética, é que ela caminha "para aquilo que lhe é semelhante": **eis tò hómoion** (*ibid.*, 81a). É a evasão (**phygé**) deste mundo; "e a fuga é a assimilação com

Deus" (*Teeteto*, 176b). Plotino, por sua vez, mostrou como a alma se torna semelhante a Deus por meio da virtude (**I, II, 2-3**), graças ao Bem e à Beleza (**I,VI, 5-9**).

horismós (ho) / ὁρισμός (ὁ); hóros (ho) / ὅρος (ὁ): definição.

Metafísica: a definição corresponde à *qüididade* (**tò tí ên eînai**) (*Met.*, Z, 4, 10, 12). Lógica: a definição de um ser se faz por suas causas (Aristóteles, *Anal. Post.*, II, 9). É um predicável; exprime a essência de um sujeito (*id. Tóp.*, I, 5).

hormé (he) / ὁρμή (ἡ): inclinação.

Para Epicteto, ela é "de nós" (**eph'hemîn** / ἐφ' ἡμῖν) (*Manual*, I, 1; *Leituras*, **I**, I, 1).

hýle (he) / ὕλη (ἡ): matéria. Latim: *materia*.

Derivado: **hylikós** / ὑλικός: material.

Substância indeterminada comum aos corpos: uma árvore, um móvel e uma bengala têm como matéria comum a madeira. A abstração chega a imaginar uma matéria indiferenciada, que não é nem madeira, nem pedra, nem metal, mas uma realidade sensível de que são feitas todas as coisas.

Hýle significa, primitivamente, madeira, árvore, floresta, lenha. Os filósofos adotaram essa palavra para designar a matéria que, devido a seu caráter indiferenciado, não tinha denominação. A matéria opõe-se, por um lado, ao *espírito* (**noûs**), que é a realidade imaterial por excelência, e, por outro, à forma (**eîdos, morphé**), que é o ato metafísico exercido sobre a matéria para diferenciá-la. A matéria primeira (**próte hýle** / πρώτη ὕλη) é a matéria em geral, considerada fora de sua forma; a matéria próxima (**eskháte** / ἐσχάτη) é a matéria da realidade singular, unida à forma (Aristóteles, *Met.*, H, 6). Outra oposição: a matéria *sensível* (**aistheté** / αἰσθητή) e a matéria *inteligível* (**noeté** / νοητή), por exemplo a dos seres matemáticos (*ibid.*, Z, 10).

Os primeiros pensadores jônios não usaram a palavra **hýle**, universal demais para eles; mas, para encontrar uma matéria única na origem do mundo, eles privilegiaram ora a água, ora o ar, ora o fogo, como Princípio (**arkhé**. *v. essa palavra*) material do mundo. Ocorre certo progresso com Anaximandro, segundo chefe da escola de Mileto, quando ele propõe como princípio de todas as coisas o *indeterminado* (**ápeiron** / ἄπειρον), o que é outro nome da matéria.

O uso de **hýle**, a crermos em Aécio (I, XXIV, 3) e no Pseudo-Plutarco (*Epítome*, I, 24), começa com Pitágoras, que afirma que, por ser inerte (**patheté** / παθητή), a matéria está submetida à corrupção (**phthorá**). Diógenes Laércio (II, 6) afirma que Anaxágoras foi quem "primeiro uniu o Espírito (**noûs**) à matéria".

Platão não usa esse termo, mas Aristóteles o emprega abundantemente. A matéria é natureza (**phýsis**): é sujeito (**hypokeiméne**) universal do movimento (**kínesis**) e da mudança (**metabolé**) (*Fís.*, II, 1, 193a). Ela é Ser em potência, que deve passar ao ato graças à forma (**eîdos**) (*Met.*, H, 1) e tornar-se assim substância (*ibid.*, H, 2). Aliás, de certo modo, ela é substância (**ousía**), pois continua idêntica a si mesma ao longo das mudanças (*ibid.*, H, 1); e a substância pode ser tomada em três sentidos: como matéria, forma e composto (*De an.*, II, 2). A matéria é causa (**aitía**); pois "chama-se causa, num primeiro sentido, a matéria imanente de que a coisa é feita" (*Met.*, Δ, 2); pode-se até dizer que ela é causa primeira (*ibid.*, H, 4); de qualquer modo, ela é uma das quatro causas das coisas sensíveis (*Fís.*, II, 3, 193b, 195a; 7, 198b). Pode-se finalmente dar-lhe o nome de princípio: **arkhé** / ἀρχή (*ibid.*, I, 7, 190b). Para os estóicos, a substância de todos os seres é a matéria primeira (**próte hýle**) (D.L., VII, 150).

Plotino dedicou um tratado às *Duas matérias* (II, IV). São elas, por um lado, a matéria inteligível (**noerá** / νοερά), que é divina (**theîa** / θεῖα) e eterna (**aídios** / ἀίδιος); por outro lado, a matéria sensível (**aistheté** / αἰσθητή), que não tem essas qualidades. As duas são indeterminadas (**ápeiros** / ἄπειρος) (II, IV, 7, 14, 15). Portanto, ela é privação (**stéresis** / στέρησις) e, sendo privação, é não-ser (**ouk ón** / οὐκ ὄν); Plotino retoma esses temas em outro lugar: a matéria, na qualidade de *substratum* (**hypokeímenon**) físico, é não-ser (**mè eînai** / μὴ εἶναι) e impassível (**apathés** / ἀπαθής) (**III**, VI, 7). E, assim, ela é o mal (**tò kakón** / τὸ κακόν) (**I**, VIII, 7-11). Em outro lugar (**II**, V, 2), Plotino trata da matéria como ser em potência (**dýnamis**).

hypokeímenon (tó) / ὑποκείμενον (τό): sujeito, substrato. Latim: *subjectum, suppositum* (sentido lógico).

Substância como sujeito, ou seja, como substrato dos acidentes. De **hypokeîsthai**, ficar abaixo, *v*. **ousía**. Esse termo já se encontra no tratado *Dos princípios* (**Perì arkhôn**) de Árquitas (cuja autenticidade, aliás, é contestada).

hypólepsis (he) / ὑπόληψις (ἡ): opinião.

"A crença (**pístis**) é uma opinião" (Aristóteles, *Tóp.*, IV, 5). "O que é de nós, é a opinião" (Epicteto, *Manual*, I, 1; XX, XXXI). "Tudo é opinião" (Marco Aurélio, II, 15; XII, 22).

hypóstasis (he) / ὑπόστασις (ἡ): hipóstase.

Equivalente de *substância*, ou de *pessoa*. Termo próprio à filosofia de Plotino. As três hipóstases, que são os Princípios de toda realidade, procedem uma da outra: são o Uno (**hén**), o Espírito (**noûs**) e a Alma (**psykhé**). *v. essas palavras* (*Enéadas*, **V**, I).

hypóthesis (he) / ὑπόθεσις (ἡ): hipótese.

Em Platão, o método dialético rejeita sucessivamente todas as hipóteses para remontar a um princípio (*Rep.*, VII, 533c). Em Aristóteles, premissas do silogismo demonstrativo (*Anal. Post.*, I, 1).

idéa (he) / ἰδέα (ἡ): idéia. Sinônimo restrito de *eîdos*.
v. essa palavra.

ídion (tó) / ἴδιον (τό): próprio.

Lógica. "Aquilo que, embora não exprima o essencial da essência do sujeito, só pertence a ele." Por exemplo, num homem, saber ler e escrever (Aristóteles, *Tóp.*, I, 5). Um dos cinco predicáveis (**kategoroúmena**) em Aristóteles e em Porfírio (*Isagoge*, XII).

kakón (tó) / κακόν (τό), mal. Latim: *malum*. Plural: kaká (tá) / κακά (τά).

No masculino: **kakós** (ho) / κακός (ὁ); malvado, aquele que comete o mal.

Kakón é o adjetivo neutro substantivado de **kakós**, mau, ruim. Designa o mal em geral, porém mais especialmente o mal moral, aquele que é cometido pelo homem.

O problema do mal (geral ou moral) não suscita de início a reflexão dos filósofos. O mal não é um problema, ou pelo menos é um escândalo, mas só encontra uma explicação oficial, a da mitologia, repetida pelos poetas: Teógnides, Ésquilo e Sófocles lamentam a infelicidade da humanidade, inclinando-se diante dos ditames irrevogáveis da divindade. Graças ao orfismo, a doutrina da imortalidade da alma é adotada por Ferecides, Pitágoras e seus discípulos (*v.* **psykhé**), oferecendo assim uma sobrevida feliz após uma vida infeliz. Mas só o sábio pode obtê-la, porque faz o bem (**agathón**). A partir dessas contestações, a reflexão filosófica tenta responder a várias indagações: o mal sofrido pelo homem é gratuito e alheio à sua responsabilidade? O mal cometido por ele é culpado? O que pode dissuadir o homem de cometer o mal?

Pitágoras tenta conciliar teologia e moral, afirmando ao mesmo tempo a bondade da divindade e a responsabilidade do homem: o Destino não envia males aos homens de bem, mas somente aos culpados, que só devem lançar a culpa sobre si mesmos (*Palavras de ouro*, 17-20, 24-58; Jâmblico, *Vida de Pitágoras*, 21, 8; Hiérocles, *Sobre os Versos de ouro de Pitágoras*, 11; Aulo Gélio, *Noites áticas*, VI, 2); Sócrates, a crer-se em Platão no *Protágoras* (345d-e), professava a irresponsabilidade do autor do mal; sua ação só se explica pela ignorância: "Aqueles que fazem o mal (**kaká**) cometem-no sem querer"; e também (*Górgias*, 361b): "Ninguém é injusto voluntariamente." Mas não encontramos nenhum eco dessa afirmação em Xenofonte, que, contudo, era ouvinte zeloso de Sócrates. Platão, que pessoalmente adota a doutrina contrária, mostra as almas culpadas condenadas pela Justiça divina (*Fédon*, 108b-c); mas não usa a palavra **kakón**. Por outro lado, os pitagóricos atribuíam a existência do mal ao mundo sensível, que eles chamam de inacabado (**ápeiron**) (Aristóteles, *Ét. Nic.*, **II**,VI, 14). Epicuro adota a teoria do *Protágoras* ao afirmar que ninguém escolhe o mal, pois todos são atraídos pelo bem (*Sentença* nº 16). Para os estóicos, o mal não existe objetivamente: como a Natureza universal é perfeita, não há lugar para o mal (Epicteto, *Manual*, XXVII; Marco Aurélio, VI, 1; Cícero, *De nat. deor.*, II, 14). Subjetivamente, o mal é uma aparência (Epicteto, *Manual*, I, 5; V); para Crisipo, são os homens os culpados de seus próprios males, quando se recusam a usar a própria razão (Aulo Gélio, *Noites áticas*, VI, 2); para Marco Aurélio, o mal existe de certa maneira, mas nos é enviado pela Providência para exercitar nossa virtude (IV, 49; VIII, 46). Essa também é a opinião do acadêmico Bíon de Boristene: "O mal é não poder suportar o mal" (D.L., IV, 48). Plotino desenvolve sua teoria do mal no tratado sobre *A origem dos males* (**I**,VIII). O mal é a ausência do Bem; ora, é na matéria que o Bem está completamente ausente; logo, o mal está na matéria. No homem, é o corpo que participa da matéria, sendo a fonte do mal para a alma. Assim, "não somos o princípio de nossos males [...] o mal existe antes de nós; ele possui o homem à sua revelia" (VIII, 5).

kalón (tó) / καλόν (τό): beleza.

Neutro substantivado de **kalós**: belo. Platão pede ao filósofo que se eleve até a Beleza em si (**autò tò kalón**) (*Rep.*, V, 476b); é **Éros** que nos conduz a ela (*Banquete*, 206e, 210a-212c). Plotino redigiu um tratado *Da beleza* (**I**, VI), no qual trata sucessivamente da beleza dos corpos, da Beleza das almas e da Beleza eterna, que, como mostra depois, é idêntica ao Espírito (**noûs**) (**V**, VIII, 3) e ao Ser (**V**, VIII, 9). Outra forma: **kállos** (**tó**) / κάλλος (τό).

katálepsis (he) / κατάληψις (ἡ): compreensão.

Em certos estóicos (Crisipo, Antípatro, Apolodoro), essa representação evidente é o único critério de verdade (D.L., VII, 54).

katáphasis (he) / κατάφασις (ἡ): afirmação.

Lógica. Proposição afirmativa: "declaração de que uma coisa se refere a outra" (Aristóteles, *De int.*, VI).

kategórema (tó) / κατηγόρημα (τό): predicado.

Termo de lógica: aquilo que se afirma de um sujeito. Na proposição (*apofânsis*) "Sócrates é um homem", *homem* é o predicado (Aristóteles, *Cat.*, IV).

kategoría (he) / κατηγορία (ἡ): categoria. Plural: kategoríai (hai). Latim: *praedicamentum* (plural: *praedicamenta*).

Um dos modos do ser, uma maneira de ser do ser. Vem do verbo **kategoréo**, afirmo. Inicialmente, termo jurídico: **kategoréo** é acusar; a **kategoría** é então uma acusação. Aristóteles transforma a palavra em termo filosófico e a desenvolve nas *Categorias*, tratado de juventude de essência lógica, que se tornou o primeiro livro do *Organon* no *Corpus aristotelicum*.

As categorias são as noções mais gerais da filosofia (ponto de vista lógico, interior ao sujeito pensante), sob as quais podem ser agrupados os objetos do conhecimento (ponto de vista metafísico, exterior ao sujeito pensante). A categoria, portanto, é resultado de um esforço da razão para unificar num conceito universal (abstrato) os múltiplos aspectos do real (concreto).

O primeiro sistema de categorias foi estabelecido por Aristóteles e retomado por Porfírio. Mais tarde, Kant (analítica transcendental da *Razão pura*) e Hegel (*Lógica*) estabelecerão seu próprio sistema de categorias. Mas, antes do emprego da palavra, pode-se considerar que os cinco Gêneros supremos (*v.* **génos**), em Platão, constituem um conjunto de categorias (*Sofista*, 247-259).

As categorias de Aristóteles pretendem ser uma lista exaustiva dos gêneros mais gerais do ser, noções irredutíveis entre si e irredutíveis ao Ser universal. De fato, essas dez categorias se reduzem a duas: substância (**ousía** = o ser em si) e acidente (**symbebekós** = o ser em suas modalidades exteriores). Os nove acidentes são as espécies de um mesmo gênero, e sua lista não é exaustiva; aliás, ela foi criticada severamente por Plotino nos três primeiros tratados da *VI Enéada*, *Sobre os primeiros gêneros do ser*.

Categorias de Aristóteles

	Grego	Latim
1. substância	**ousía** / οὐσία	*substantia*
2. qualidade	**poîon** / ποῖον (adv.)	*qualitas*
3. quantidade	**póson** / πόσον (adv.)	*quantitas*
4. relação	**prós ti** / πρός τι (prep. + pronome)	*relatio*
5. ação realizada	**poieîn** / ποιεῖν (verbo)	*actio*
6. ação sofrida	**páskhein** / πάσχειν (verbo)	*passio*
7. estado	**ékhein** / ἔχειν (verbo)	*habitus*
8. tempo	**póte** / πότε (adv.)	*quando*
9. lugar	**poû** / ποῦ (adv.)	*ubi*
10. posição	**keîstai** / κεῖσθαι (verbo)	*situs*

No século III de nossa era, Porfírio, neopitagórico, discípulo de Plotino e editor das *Enéadas*, tentou renovar o sistema das categorias em sua *Isagoge* / Εἰσαγωγή, ou seja, "introdução" às *Categorias* de Aristóteles. A obra foi traduzida para o latim por Boécio. As noções dessa vez são reduzidas a cinco, exclusivamente lógicas[1], que ele chama de vozes (**phonaí**) e na verdade são predicáveis (**kategoroúmena**).

1. gênero	**génos** / γένος	*genus*
2. espécie	**eîdos** / εἶδος	*species* (= forma)
3. diferença	**heteroîon** / ἑτεροῖον	*differentia*

4. próprio	**ídion** / ἴδιον	*proprium*
5. acidente	**symbebekós** / συμβεβηκός	*accidens*

1. Em *Tópicos* (I, 5), Aristóteles, depois de lembrar as dez categorias, enumera como predicáveis, ou seja, como capazes de ser atribuídos a um sujeito: definição, próprio, gênero e acidente. Como primeira categoria, ele substitui a substância pela essência **tí esti** / τί ἐστι.

kategoroúmenon (tó) / κατηγορούμενον (τό): predicável.

Classe de conceitos sobre a qual versa o raciocínio. Em *Tópicos* (I, 4-5), Aristóteles designa como predicáveis: definição (**hóros**), gênero (**génos**), próprio (**ídion**) e acidente (**symbebekós**). Em *Isagoge* Porfírio designa cinco; *v.* **kategoría, génos**.

kátharsis (he) / κάθαρσις (ἡ): purificação.

De **katharós**: *puro*. Método progressivo de desapego dos sentidos para viver segundo o pensamento. Já era uma preocupação dos órficos, adotada pelos pitagóricos; Empédocles escreveu um livro das *Purificações* (**katharmoí**), no qual reproduz textualmente um verso de Pitágoras (*Palavras de ouro*, 71). Em Platão, a **kátharsis** é um longo exercício de ascese para livrar-se do corpo, exigência da filosofia (*Fédon*, 67c).

kath'hékaston (tó) / καθ' ἕκαστον (τό): individual.

Oposto a **kathólou**, universal (Aristóteles, *De int.*, VII; *Met.*, Z, 10, 13).

kathólou (tó) / καθόλου (τό), universal, geral.

Latim: *universum*.

Essa palavra é um advérbio, substantivado por Aristóteles. Deriva de **hólon**: o universo (*v. essa palavra*). É uma contração de **katà hólou** (genitivo) = "quanto ao universo", "relativamente ao todo". Opõe-se a **tò kath' hékaston** / τὸ καθ' ἕκαστον: singular.

Foi no tratado *Da interpretação* que Aristóteles definiu esses termos. "Chamo de *universal* aquilo cuja natureza consiste em ser afirmado por vários sujeitos, e de *singular* aquilo que não pode sê-lo. Por exemplo, *homem* é uma palavra universal, e *Cálias* uma palavra individual" (VII).

Aristóteles atribui a Sócrates o mérito de ter sido o primeiro que empregou a noção universal (**kathólou**) (*Met.*, M, 4). Volta ao assunto na *Metafísica* (Z, 10 e 13), onde mostra que o universal não é uma substância. Só os indivíduos são substâncias: um homem, um cavalo. Mas o universal (o homem, o cavalo) só pode ser um predicado: "Sócrates é homem." "A substância de um indivíduo lhe é própria e não pertence a nenhum outro ser; o universal, ao contrário, é algo comum." Chega-se assim ao universal como objeto de ciência: indivíduos, não há definição nem demonstração; são objetos apenas de opinião; ao contrário, é permanente aquilo que pertence a um gênero definido; só ele, portanto, é objeto de ciência (Z, 15, 1039b).

kenón (tó) / κενόν (τό), vazio, vácuo. Latim: *vacuum*.

Neutro substantivado do adjetivo **kenós** / κενός: vazio.

Interrupção na continuidade da matéria (ponto de vista físico) ou na plenitude do Ser (ponto de vista metafísico).

O vácuo é considerado pelos gregos de dois modos diferentes: ou como fator de imperfeição, que põe em causa a totalidade e a perfeição da realidade (escola eleática), ou como fator de harmonia, que permite a diferenciação, a complementaridade e o movimento dos diferentes elementos da realidade. Para o problema da existência do vácuo interior ao mundo sensível, duas respostas: ele existe (atomistas: Leucipo, Demócrito, Epicuro); ele não existe (Parmênides, Platão, Aristóteles).

Para os pitagóricos, o vácuo é exterior ao **kósmos**; de fato, como este é um grande Vivente, tem necessidade de respirar e realiza essa função graças ao vácuo que o cerca (Aécio, **II**, IX, 1; Pseudo-Plutarco, *Epítome*, II, 9; Estobeu, *Écl.*, **I**, XVIII,

4). Para eles, o vácuo também é interno ao número, pois separa as unidades (Aristóteles, *Fís.*, IV, 6). Para Parmênides e seus discípulos, o vácuo é impossível, pois é um não-ser e, por definição, o não-ser não existe (*v. on*); diz Zenão: "o vácuo não existe" (D.L., IX, 29). Do ponto de vista cósmico, Melisso resume essa posição numa bela fórmula: "Nada é vácuo, pois o vácuo nada é": **keneón**[1] **estin oudén, tò gár keneòn oudén estin** / κενεόν ἐστιν οὐδέν, τὸ γὰρ κενεὸν οὐδέν ἐστιν (Aristóteles, *Fís.*, IV, 6; Simplício, *Fís.*, III, 18). Contra os eleatas insurgem-se os atomistas (Leucipo, Demócrito), para os quais o vácuo é necessário à composição da matéria: ele é o lugar por onde se deslocam e onde se encontram os átomos (Aristóteles, *Fís.*, I. 5; IV, 6; *De gen.*, I, 8; *Met.*, A, 14; Γ, 5, etc.; Teofrasto, *Da sensação*, 55-56). Platão descarta o vácuo incidentemente, com um aceno: "O vácuo não existe" (*Timeu*, 79b-c). Aristóteles emprega freqüentemente o termo **kenón** para mencionar as doutrinas de Parmênides, Leucipo e Demócrito. Discute o problema no livro IV da *Física* (6-9) e conclui, como Platão, pela inexistência do vácuo, o que tomamos por vácuo quando se trata de um corpo muito tênue (*cf. De caelo*, I, 9). Epicuro, discípulo de Demócrito, ensina a existência necessária do vácuo (*Carta a Heródoto*, D.L., 40-46, 67).

1. Dórico, em lugar de **kenón**, que é o dialeto ático e se tornará o grego comum.

khrónos (ho) / χρόνος (ὁ): tempo.

Antes da vida presente, houve outro tempo (Platão, *Mênon*, 86a). "O tempo é uma imagem móvel da eternidade" (*id.*, *Timeu*, 37d). "O tempo é a medida do movimento" (**métron kinéseos** / μέτρον κινήσεως, Aristóteles, *Fís.*, IV, 12). "O tempo é imagem da eternidade" (**eikòn aiônos** / εἰκὼν αἰῶνος, Plotino, I, V, 7). "O tempo é a causa de todas as coisas": **aítion pánton** (Periandro, *Apotegmas*, 11).

kínesis (he) / κίνησις (ἡ): movimento, mudança.

Latim: *motus*.

kinetón (tó) / κινητόν (τό) e:
kinoúmenon (tó) / κινούμενον (τό): móvel, ser movido.
Latim: *mobile*.

kinoûn (tó) / κινοῦν (τό): motor, o ser que move.
Latim: *movens*.

Esses quatro termos derivam do verbo *kinô* / κινῶ (= κινέω): *movo*. **Kinetón** é o adjetivo verbal, **kinoúmenon**, o particípio passivo, e **kinoûn**, o particípio ativo (neutro). A palavra **kínesis** tem como primeiro sentido movimento; com Platão, ganha o sentido metafísico de mudança; os dois sentidos depois passam a coexistir. Mas os tradutores, na esteira dos latinos, conservam o mesmo termo para os dois sentidos.

Diferentes espécies. Aristóteles esforçou-se por distinguir as diferentes espécies de movimento, mas se contradiz em diversos textos. Nas *Categorias* (XIV), onde dedica uma nota ao movimento, que toma então no sentido de mudança, enumera seis:

– geração: **génesis** / γένεσις
– corrupção: **phthorá** / φθορά
– aumento: **aúxesis** / αὔξησις
– diminuição: **phthísis** / φθίσις
– alteração: **alloíosis** / ἀλλοίωσις
– mudança de local: **phorá** / φορά

Em *De anima* (I, 3), são enumeradas apenas quatro espécies: o aumento e a diminuição foram eliminados. Por fim, em *Física* (V, 1-2), ele faz uma nova classificação em quatro categorias: substância, quantidade, qualidade e lugar; distingue então, por um lado, o movimento que afeta a substância (**ousía**), que é de ordem metafísica (geração e corrupção), que ele prefere chamar de *mudança* (**metabolé**), e outras três, que são mais propriamente físicas:

– segundo a qualidade: alteração: **alloíosis**
– segundo a quantidade: aumento e diminuição
– segundo o lugar: translação: **phorá**

Na verdade, é preciso reduzir o movimento a duas grandes formas: movimento propriamente dito, físico; e mudança, modificação metafísica.

• *Sentido físico.* **a.** *mecânico*: a ordem do mundo. Filolau distingue duas espécies de ser: os eternamente imutáveis e os eternamente mutáveis; estes estão submetidos ao princípio do movimento, que se efetua eternamente segundo uma revolução circular. Os primeiros são *motores* dos outros (Estobeu, *Écl.*, XX, 2). Platão constata que não há móvel sem motor, nem motor sem móvel (*Timeu*, 57c), mas a terminologia que emprega é diferente da de Aristóteles e depois se tornará clássica; para ele, o móvel é **kinesómenon** / κινησόμενον e o motor é **kinêson** / κινῆσον. Aristóteles, na *Física*, demora-se nos problemas do movimento. No livro III, apresenta uma definição: "O movimento é a passagem ao ato (**entelékheia**) daquilo que está em estado de potência (**dýnamis**)" (III, 1, 201a); de outro modo, ele é "o ato do motor sobre um móvel" (*ibid.*, III, 2-3). No livro VIII, ele se dedica à análise do movimento e neles identifica cinco elementos: o que move na origem, o primeiro motor (**tò kinoûn prôton** / τὸ κινοῦν πρῶτον); o móvel (**kinoúmenon**), o tempo no qual se realiza o movimento; o termo inicial (o "a partir do quê": **ex hoû** / ἐξ οὗ e o termo final ("aquilo em direção a quê": **eis hó** / εἰς ὅ) (V, 1). Epicuro emprega muito a palavra **kínesis**, especialmente para tentar explicar os movimentos da terra e dos outros astros (D.L., X, 106, 111, 113, 115…). Plotino dedicou um tratado ao *Movimento circular* (**II**, II), que é ao mesmo tempo o movimento das realidades sensíveis e o movimento da alma que as anima.

b. *biológico*. Em *De anima* (III, 9-10), Aristóteles analisa a faculdade motora, especialmente a ação da alma sensitiva sobre o movimento do corpo.

• *Sentido metafísico*. Parece que é esse o sentido que Pitágoras dava a **kínesis**, quando a definia como "diferença ou dessemelhança na matéria enquanto matéria" (Aécio, **I**, XXIII, 1); aliás, ele arrolava o movimento na categoria do inacabado (**ápeiron**), portanto da imperfeição, ao contrário do repouso, que pertence à do acabado ou perfeito (Aristóteles, *Met.*, I, 5). Platão retoma esses dois princípios no *Sofista* (254b-255b), para fazer deles dois dos cinco "gêneros supremos" que permitiam afirmar que há um não-ser (de alteridade) que se opõe ao Ser. Ele afirma a imortalidade da alma, mostrando que ela é automotora (**autokíneton** / αὐτοκίνητον). Aristóteles, na *Metafísica*, volta à análise do movimento. Retoma a definição do movimento como atualização da potência (K, 9) e prefere, em seguida, para falar dos movimentos realizados nos corpos, empregar o termo **metabolé** (K, 11).

• *Existência do movimento*. Sexto Empírico resume as doutrinas em algumas palavras: o vulgo e alguns filósofos afirmam essa existência. Parmênides, Melisso e alguns outros o negam. Os céticos afirmam que nenhuma dessas posições é mais verdadeira do que a outra (*Hipot.*, III, X, 65).

koinós / κοινός: comum. Latim: *communis*.

No feminino, deu o latim *coena*: ceia, refeição em comum.

koinonía (he) / κοινωνία (ἡ): **comunidade, sociedade.**

Platão associa esse termo ao termo *Pólis* (*Rep.*, II, 371b). Aristóteles distingue duas: a família e a Pólis, ambas organizadas para o bem comum (*Pol.*, I, I, 1).

kósmos (ho) / κόσμος (ὁ): mundo. Latim: *mundus*.

O mundo, conjunto das realidades sobre as quais incidem os nossos sentidos. *v*. **pân**, **hólon**.

Primitivamente, o substantivo **kósmos** é um termo abstrato, que significa *ordem, harmonia, sábia organização*. Foi Pitágoras, segundo consta, que, constatando a ordem e a harmonia do Todo, deu-lhe o nome de **kósmos**, que permaneceu, mas depois passou a ter sentido filosófico, de uso dos especialistas. Em *Memorabilia* (I, I, 10), Sócrates declara que não está procurando saber "como nasceu aquilo que os filósofos chamam **kósmos**".

Encontra-se, porém, o termo já a partir de Tales (D.L., I, 35), segundo palavras de Diógenes Laércio; mas é provável que este o tenha posto em lugar de outro, como **pân** ou **hólon**. Ele aparece em Diógenes de Apolônia (fr. 2), mas certamente no sentido de ordem, em Heráclito (fr. 30, 75, 121), em Marco Aurélio (II, 4;VII, 9), em Epicuro (*Carta a Heródoto*, D.L., X, 45), que prefere **pân**, em Hermes Trismegisto (*Poimandres*).

Em Platão, encontra-se uma oposição sistemática entre dois mundos: o mundo sensível (**aisthetós** / αἰσθητός) e o mundo inteligível (**noetós** / νοητός). No entanto, ele costuma relutar em atribuir a este último a denominação **kósmos**, preferindo **tópos** / τόπος, lugar (*Rep.*, VI, 509d). A mesma oposição existe em Plotino (**III**, III, 2; **V**, V, 4; IX, 13, etc.). Platão define o **kósmos** como: "um ser vivo visível que envolve todos os seres vivos visíveis, um deus sensível formado à semelhança do deus inteligível que é imenso, boníssimo, belíssimo e perfeitíssimo" (*Timeu*, 92c).

Aristóteles raramente emprega esse termo, preferindo **hólon**. Mas em *Física*, VIII, 2, justapõe:

– **mégas kósmos** / μέγας κ: macrocosmo = universo
– **mikròs kósmos** / μικρὸς κ: microcosmo = organismo

krîsis (he) / κρίσις (ἡ): juízo, julgamento.

Elemento essencial ao raciocínio, é enunciado pela proposição (**apóphansis**) e estudado especificamente por Aristóteles em *De interpretatione*.

kyriótaton (tó) / κυριότατον (τό): soberano Bem.

Sinônimo de **áriston** na *Política* de Aristóteles (**I**, I, 1).

lógos (ho) / λόγος (ὁ): razão. Latim: *ratio*.

Razão, faculdade intelectual do homem, considerada como seu caráter específico; e todas as formas de sua atividade.

O primeiro sentido de **lógos** (do verbo **légein** / λέγειν, falar) é *fala, linguagem*. Ora, a linguagem é a expressão do pensamento. O capítulo IV do tratado aristotélico *Da interpretação* trata do discurso: **lógos**. De fato, a palavra logos tem um sentido muito matizado, que pode ser dividido em três:

– faculdade mental superior, sinônimo de inteligência conceitual e raciocinante; *v.* **noûs**;
– raciocínio;
– conceito.

• *Faculdade*. Esse sentido é empregado desde a origem. Pitágoras divide a alma humana em duas partes: uma dotada de razão e outra desprovida de razão. A primeira é incorruptível (Aécio, **IV**, IV, 1; V, 10; VI, 1). A mesma distinção está em Aristóteles (*Ét. Nic.*, **VI**, I, 5), segundo o qual é o **lógos** que conhece o universal (**kathólou**), objeto da ciência (*Fís.*, I, 5). Platão divide a alma em três partes, ou seja, em três faculdades maiores: razão (**lógos**), coração, sensibilidade (*Rep.*, IV, 439a-441c). Há também uma alusão em *Timeu* (89d-e), onde se afirma que o **lógos** é a melhor parte e deve dirigir as outras; é essa parte que sobreviverá após a morte (*Fédon*, 66e).

Em Heráclito, o **lógos** é essencialmente a razão universal, espécie de alma do mundo; há um **Lógos** que governa o universo (fr. 72), eterno e incompreensível (fr. 1): a sabedoria consiste em conformar-se a ele (fr. 50), graças à razão que temos (fr. 115), e que temos em comum (fr. 2). A doutrina dos estóicos é a mesma, embora mais elaborada; a Natureza universal é Razão, ou melhor, a razão é o princípio imanente e diretor da Natureza (D.L., VIII, 88; Cícero, *De nat. deor.*, II, 5; Marco Aurélio, VI, 5); e a filosofia consiste em manter a razão reta em harmonia com a Razão universal (Epicteto, *Leituras*, **IV**, VIII, 12). Plotino também gosta de citar uma Razão universal (**Lógos toû pántos** / λόγος τοῦ πάντος) (**II**, III, 13; **III**, III, 1).

• *Raciocínio*. Melisso chama de maior o argumento (**lógos**) que lhe pareça convincente (Simplício, *De caelo*, 558). Platão aduz um argumento (**lógos**) a favor da vida eterna (*Fédon*, 63a), Aristóteles, a favor da existência do lugar (*Fís.*, IV, 1), sobre os contrários (*Fís.*, I, 3), ou também sobre a natureza do movimento (*De an.*, I, 3) etc.

- *Conceito, noção.* Sentido freqüente em Aristóteles. Ele formula a noção de alma (*De an.*, III, 3), do agir e do sofrer (*Fís.*, III, 3), da substância (*Met.*, A, 3), da natureza das diferenças (*Met.*, H, 2), e define aquilo que é uma falsa noção (**pseudès lógos**) (*Met.*, A, 29). Esse sentido torna-se múltiplo nos *Tópicos*. Às vezes em Plotino: Há no Espírito "um **lógos** do olho e um **lógos** da mão" (**V**, IX, 7).

Derivados:

logikós, que pertence à razão, lógico. As obras de lógica de Aristóteles não levam esse título, que aparece mais tarde nesse sentido preciso, provavelmente com os estóicos. No neutro, **tò logikón**: a alma racional (Aécio, sobre Pitágoras: **IV**,V, 10).

logismós: raciocínio.

logistikón: referente ao grau inferior da razão (em Aristóteles). *v.* **areté**.

lýpe (he) / λύπη (ἡ): tristeza.

Uma das quatro principais paixões (**páthos**) entre os estóicos (D.L.,VII, 111). "Foge da tristeza!" (Periandro, *Sentenças*, 56).

makariótes (he) / μακαριότης (ἡ): felicidade, bem-aventurança.

Sinônimo de **eudaimonía**. *v. essa palavra.*

manía (he) / μανία (ἡ): delírio.

Em Platão, dom divino que transporta a alma para as Realidades eternas. Em *Mênon* (98c-100b), designa a profecia, a adivinhação, a poesia, a direção carismática do Estado. Em *Fedro* (244a-251a), são a profecia, a prece, a poesia e o amor (**éros**).

máthema (tó) / μάθημα (τό): saber.

Programa dos ensinos (Platão, *Rep.*,VII, 534e). Platão exalta o saber que leva à Beleza (*Banquete*, 211c). No plural: **mathé-**

mata ou **mathematiká**: matemática (Aristóteles, *Fís.*, II, 2, 79; III, 4; *Met.*, M, 3).

máthesis (he) / μάθησις (ἡ): estudo.

Xenofonte afirma que Sócrates incentivava o estudo em seus alunos (*Mem.*, IV, I, 3). Platão cria um programa de estudo para a formação da juventude (*Leis*, 804b-c). Na forma verbal: **tò matheîn** / τὸ μαθεῖν (Epicteto, *Leituras*, II, IX, 13).

mè ón / μὴ ὄν: o não-ser. Latim: *nihil, nihilum*.

Termo inaugurado por Parmênides e depois confrontado por Górgias, Platão e Aristóteles com a noção de *ser*. **ón** / ὄν (*v. essa palavra*). Também se encontra **ouk ón** /οὐκ ὄν

metabolé (he) / μεταβολή (ἡ): mudança, modificação, transformação. Latim: *mutatio*.

Termo originariamente não filosófico. Do radical: **bállo** / βάλλω, eu lanço, eu jogo; **metabállo** / μεταβάλλω: desloco, transformo. A **metabolé** é uma mudança, uma transformação.

Em filosofia, a **metabolé** distingue o ser sensível, fadado à mudança, do ser inteligível, perpetuamente o mesmo. Termo moderno de fisiologia: *metabolismo*, conjunto de transformações energéticas do organismo.

Heráclito constata que não é possível tocar duas vezes o mesmo corpo devido à mudança (fr. 91). Platão só emprega essa palavra incidentemente. Ao contrário, Aristóteles compõe um verdadeiro tratado sobre a mudança (*Met.*, Z, 7-9). A mudança comporta duas espécies: por um lado, a geração (**génesis**) e a corrupção (**phthorá**), que são a vinda ao ser e a saída do ser; por outro lado, o movimento (**kínesis**. *v. essa palavra*), que compreende três espécies: crescimento (**aúxesis**) e decréscimo (**phthísis**); alteração (**alloíosis**) e translação (**phorá**). Retoma rapidamente a análise do fenômeno no livro K (11-12). Não há mudança nos seres celestes (*De caelo*, I, 9). Os estóicos são pouco prolixos nesse assunto; Marco Aurélio fala apenas da transformação pessoal: a morte transformará meu ser em parte do universo (V, 13; IX, 35).

metaphysiká (tá) / μεταφυσικά (τά). Plural neutro de metaphysikós: metafísica. Latim: *metaphysica*.

Termo nunca empregado pelos autores gregos, pois data do filósofo árabe Averróis (século XII). É contração de **metà tà physiká** / μετὰ τὰ φυσικά, "o que vem depois da *Física*¹" (de Aristóteles), denominação dada por Andrônico de Rodes, no século I a.C., às diversas obras de filosofia primeira de Aristóteles, na primeira edição do *Corpus aristotelicum*, ou conjunto das obras que nos restaram de Aristóteles entre as numerosas obras perdidas.

1. Physiká / φυσικά também é um adjetivo plural neutro, subentendido: "os livros".

metaxý (tó) / μεταξύ (τό): meio, intermediário.
Latim: *medium*.

Advérbio substantivado sinônimo de *méson* / μέσον.

Platão dá a essa palavra um sentido metafísico: tudo o que é intermediário entre o Ser e o não-ser, objeto de opinião (**dóxa**) (*Rep.*, V, 477a-479d); Aristóteles lhe dá um sentido lógico: não há intermediário entre os contraditórios (*Met.*, Γ, 7).

méthexis (he) / μέθεξις (ἡ): participação.

Essa palavra costuma ter um sentido prático: participa-se de uma guerra, de um banquete; recebe-se uma parte na herança. É formada pelo verbo **ékhein** / ἔχειν com a preposição **metá** / μετά, com. Assume sentido metafísico com Platão.

Segundo esse sentido metafísico, o mundo sensível participa do Mundo inteligível por ser seu efeito e sua cópia, visto que as Essências (**eíde**), que são as Realidades perfeitas, absolutas e eternas, são a causa (**aitía**) e o modelo (**parádeigma**) daquilo que é sensível, imperfeito, relativo e temporal. *v.* **eikón**.

A fonte da existência dos seres temporais, para Platão, é a **méthexis**. "Não conheço outro modo de vinda ao ser, para cada ser, a não ser participar de cada Essência própria da qual deve participar" (*Fédon*, 101c). O Mundo inteligível, fundamento de toda a realidade, serviu de modelo ao Demiurgo para plasmar um outro mundo que tenha a mesma essência que ele (*Timeu*, 28a-b). Plotino retomou esse termo e esse sentido, sendo fiel a Platão (**III**,VI, 11, 12, 14; **VI**, IV, 12-13). Já se encontra o verbo **metékhein** em Diógenes de Apolônia (fr. 5), que afirma que todas as coisas participam do ar (**aér**), que é o primeiro Princípio (**arkhé**).

Atenção: o verbo participar tem os seguintes sentidos: comunicar, compartilhar e apresentar a natureza, as qualidades, os traços comuns a algo. É neste último sentido que se diz: o mundo sensível participa do mundo inteligível.

mímema (tó) / μίμημα (τό): imagem. v. eikón.

mnéme (he) / μνήμη (ἡ): memória.

É a faculdade de aprender (Aristóteles, *Met.*, A, 1). Sinônimo: **mnemosýne**.

monás (he) / μονάς (ἡ). Genitivo monádos: mônada. Latim: *unitas*.

Unidade aritmética. Em metafísica, o Uno, Princípio primeiro. Radical **mon-**, que se encontra inicialmente em **mónos** / μόνος: só, único. Derivado tardio: monismo, doutrina segundo a qual só existe uma única Realidade.

Esse termo, com seu significado metafísico, é especificamente pitagórico. Encontra-se incidentemente em Platão, Plotino e Proclos.

Por um lado, a Mônada pitagórica, em aritmologia, é a unidade da qual procede o número (é encontrada no *Tratado de aritmética* de Aristóxeno) e, em metafísica, o Princípio do qual decorrem todas as outras realidades (D.L.,VIII, 25). É ao mesmo tempo Deus e Bem (Aécio, **I**,VII, 18). A Mônada, perfeita, é qualificada de **péras** / πέρας: o acabado, o determinado; engendra a díade **dyás** / δυάς, que, sendo derivada, é o inacabado e o indeterminado, fonte de erro e mal (D.L.,VIII, 25; Aécio, **I**,VIII, 18; Aristóteles, *Met.*, I, 5). Encontra-se também essa noção de Mônada como origem e Princípio dos seres em Proclos (*Teologia*, 21).

morphé (he) / μορφή (ἡ): forma.

Sinônimo restrito de **eîdos**. Empregado especialmente por Aristóteles em sentido metafísico: "A substância é composta de matéria e forma" (*Met.*, H, 3; *Fís.*, I, 9, II, 1). Mas a fórmula **hýle + morphé** não é exclusiva: encontra-se **hýle + eîdos** (*Fís.*, X, II, 2; *De an.*, III, 2 etc.). Em Árquitas, a forma (**morphé**) é "a causa do Ser", e a substância (**ousía**) é o substrato que recebe a forma (Estobeu, *Écl.*, I, 35).

mŷthos (ho) / μῦθος (ὁ): mito.

Doutrina religiosa figurada, transmitida por uma tradição anônima. Sócrates, na prisão, afirma que é preciso "recorrer aos mitos, e não aos raciocínios" (*Fédon*, 61b). Deve ser distinguido da alegoria, cujo autor é individual e conhecido ("a caverna", em Platão. *v.* **spélaion**).

nóesis (he) / νόησις (ἡ): pensamento, noese.
Latim: *intellectus.*

Esse termo designa, mais precisamente, a razão intuitiva, aquela que contempla diretamente o inteligível, o **noetón** / νοητόν.

Antes do sistema platônico, esse termo designa o pensamento em geral. Em Parmênides (fr. 2), o pensamento do Ser e do não-ser; no materialismo de Diógenes de Apolônia, a inteligência em geral, mantida pelo ar que respiramos.

A **nóesis** adquire sentido preciso na *República* de Platão. Constitui o segundo estágio da ciência, ou seja, o ápice do conhecimento, ao qual o sábio chega como termo da dialética (*v.* **dialektiké**) (*Rep.*, 509d-511c; 534a).

Esse termo adquire grande importância com Aristóteles, que faz da **nóesis** o próprio ato pelo qual Deus é Deus. De fato, a inteligência (**noûs**) do Ser eterno, que é o Bem em si, perfeitamente desejável, só pode estar em ato se encontrar o seu objeto específico; ora, esse objeto é necessariamente ele mesmo; e é essa **nóesis**, pensamento perfeito, que se pensa a si mesma; ato de intelecção pura, é a própria existência de Deus (*Met.*, Λ, 7, 1072a-b). É, assim, Pensamento do Pensamento (**nóesis noéseos** / νόησις νοήσεως, Λ, 9, 1074b).

Encontra-se essa palavra também em Plotino, mas incidentemente, como muitas outras. O mesmo ocorre com Hermes Trismegisto (IX), que faz um confronto entre **nóesis** e **aísthesis**.

nómos (ho) / νόμος (ὁ): lei. Latim: *lex.*

A lei, iniciativa do homem, opõe-se à natureza. De fato, entre os autores gregos, a lei não é efeito de uma causa universal e necessária dos fenômenos naturais, mas sim de uma regra social imposta pelos governantes.

No entanto, vários autores afirmam que, anteriormente às leis do Estado, que são convencionais em maior ou menor grau, há leis não escritas (***ágraphoi nómoi*** / ἄγραφοι νόμοι) que são eternas e devem servir de referência à vontade humana. É o caso de Sócrates, nos *Memorabilia* de Xenofonte (IV, 4). Eram essas leis as invocadas pela Antígona de Sófocles contra as decisões de Creonte (V, 453-455); são elas incidentemente mencionadas por Aristóteles em sua *Política* (VI, 5).

A oposição entre natureza e lei aparece no sofista Antifonte, que acusa a lei de aprisionar a natureza (Gernet, fr. 4) e é exposta mais especialmente por Aristóteles na *Ética nicomaquéia* (V, 7). Este distingue duas espécies de direito: o direito natural (***physikón*** / φυσικόν) é "aquele que, em todos os lugares, tem o mesmo poder e não depende da opinião", ao contrário do direito legal (***nomikón*** / νομικόν), que depende do Estado. Em *Retórica* (**I**, X, 1), ele chama a lei escrita de *particular* (**ídios** / ἴδιος) e a lei não escrita, de *comum* (**koinós** / κοινός).

Já encontramos essa noção de lei não escrita num tratado pitagórico *Da lei e da justiça*, atribuído a Árquitas. O doxógrafo João Estobeu (século V d.C.) conservou alguns de seus excertos: "Às leis dos maus e dos ateus opõem-se as leis não escritas dos deuses [...] A lei precisa condizer com a natureza." Por natureza, é preciso entender aqui não a natureza sensível, o universo, mas a natureza humana, que é invariável. Essa obra seria, assim, a primeira em que se encontram os fundamentos da *lei natural*, termo este que se entende no sentido moral e político. Um pitagórico contemporâneo, Ocelo de Lucânia, teria escrito um tratado *Da lei*: **Perì nómo** / περὶ νόμω[1]. Outros dois pitagóricos antigos, Zaleucos e Carondas, celebrados por Diodoro e Aristóxeno, escreveram um *Preâmbulo às leis*[2], para a constituição de suas cidades-Estado na Magna Grécia. Contudo, o mais famoso tratado *Das leis*, em dez livros, foi escrito por Platão na velhice. Aristóteles considera as Leis como especificações da constituição; e as define como "regras que estabelecem como os magistrados devem governar" (*Pol.*, **IV**, I, 9-10).

Essas noções de lei natural e de lei divina são negadas pelos sofistas, para os quais toda lei é arbitrária e só tem a utilidade como fim. Essa é a tese exposta por Hípias em sua obra *Memorabilia* (**IV**, IV, 4), por Cálicles em *Górgias* (482), por Trasímaco na *República* (II, 358e-359b). E mais tarde pelos céticos: Pírron, Tímon, Enesidemo (D.L., IX, 101). Demófilo emprega o termo **nómos theîos**: *lei divina* (*Similitudes*, 29, *in* Estobeu, *Ant.*, II, 28).

Locução: **nómo peíthou** / νόμῳ πείθου: observa a lei! (Pítaco, *Sentenças*, 15; Sosíades, *Preceitos*, 2, *in* Estobeu, *Ant.*, III, 80).

1. Por **nómou** / νόμου; genitivo dórico, dialeto no qual escreviam os pitagóricos das primeiras gerações.
2. *Prooímia nomôn*.

noûs (ho) / νοῦς (ὁ): espírito. Latim: *spiritus, intellectus*.

Esse termo tem dois sentidos:

– substância: espírito;
– faculdade mental: inteligência.

Essa forma, usual nos filósofos clássicos, é a contração de **nó-os** (νόος), que se encontra no dialeto jônio; o radical **no** designa pensamento. A linguagem filosófica emprega vários derivados:

nóesis / νόησις:	Razão contemplativa (*v. essa palavra*).
noerós / νοερός:	Intelectual.
nóema / νόημα:	Pensamento. Arcaico, empregado por Parmênides.
noetón / νοητόν:	Aquilo que é pensado. Platão e Plotino empregam a palavra no plural: noetá / νοητά.
noeîn (verbo) / νοεῖν:	Ato de pensar. É encontrado em Parmênides, Platão, Aristóteles e Plotino.
énnoia / ἔννοια:	Pensamento (intelectual). Empregado por Platão e Epicteto.
diánoia / διάνοια:	Razão raciocinante (*v. essa palavra*).
epínoia / ἐπίνοια:	Pensamento. Em Pitágoras.
eúnoia / εὔνοια:	Benevolência. Em Aristóteles.
prónoia / πρόνοια:	Providência divina. Especificamente nos estóicos.
hypónoia / ὑπόνοια:	Conjectura. Em Marco Aurélio.
ágnoia / ἄγνοια:	Ignorância.

Encontramos o termo **noûs** empregado desde a origem tanto no sentido metafísico quanto no psicológico. Diógenes Laércio (I, 35) cita um aforismo de Tales: "De todos os seres, [...] o mais rápido é o Espírito (νοῦς), pois ele percorre tudo." Essa palavra pode ser entendida nos dois sentidos. Pitágoras também emprega alternadamente os dois sentidos. Diz ele: "A Mônada, que é Deus e Bem, é o próprio Espírito" (Aécio, **I**,VII, 18). Trata-se, pois, de uma realidade substancial. Mas, em outro lugar: "Nossa alma é formada da tétrade, a saber: inteligência (**noûs**), ciência, opinião, sensação" (*ibid*., I, III, 8). Aqui se trata de uma faculdade mental.

Foi Anaxágoras que deu ao **noûs** toda a sua importância metafísica. Ele apresenta eternamente duas realidades, uma material – o caos (**ápeiron**) – e outra espiritual – o Espírito (**noûs**). O **Noûs**, potência ativa, organiza o caos, potência passiva, e com ele faz o mundo (D.L., II, 6). Assim, o Indeterminado é potência (**dýnamis** / δύναμις) (Aristóteles, *Met.*, Γ, 4), enquanto o Espírito é ato (**enérgeia** / ἐνέργεια) (*ibid.*, Λ, 6). Anaxágoras escreve: "O Espírito é eterno (fr. 14), autônomo (**autokratés** / αὐτοκρατής), existe separadamente (μόνος), sem se misturar a nada" (fr. 12; Aristóteles, *Met.*, Α, 8). É ele que realiza a separação dos elementos confundidos (fr. 13). Assim, "ele é o Princípio primeiro de todas as coisas", é "a causa da beleza e da ordem" (Aristóteles, *De an.*, I, 2).

Heráclito trata do **noûs** como uma faculdade mental: "aqueles que falam com espírito" (fr. 114): "a erudição não é um sinal de espírito" (fr. 40). Parmênides também emprega **noûs** no sentido de pensamento (fr. XVI); Empédocles, no sentido de inteligência (fr. II, 8; fr. III, 13). E também Platão: "Aquele que tem espírito" (*Fédon*, 62e); a Realidade transcendente só é conhecida pela inteligência espiritual: **nô** (dativo).

Aristóteles dá ao **noûs**, sucessivamente, os dois sentidos. Sentido psicológico em *De anima*, onde acrescenta um elemento novo; explica o conhecimento por dupla inteligência: de um lado, o intelecto passivo (**pathetikós** / παθητικός), às vezes chamado de "intelecto paciente", de acordo com o latim, que é "como uma tábua na qual nada ainda está escrito" (III, 4); por outro lado, o intelecto ativo (**poietikós** / ποιητικός), chamado às vezes de "agente", "princípio causal", que produz o conhecimento, que escreve na tábua. Ora, enquanto o intelecto passivo é corruptível, ou seja, está associado à decadência do corpo, o intelecto ativo está "separado", ou seja, não ligado ao corpo; "não tem mistura, é impassível", e assim "imortal e eterno" (III, 5). O sentido metafísico aparece em *Metafísica*: Deus é a própria Inteligência; portanto, é Espírito, realidade primeira e perfeita; o **Noûs** é aí a mais divina das realidades; ele é o próprio Ato de pensar (*Met.*, Λ, 9). *v.* **nóesis**. Ademais, Aristóteles opõe ao intelecto prático (**noûs**

praktikós), que se aplica às realidades sensíveis, o intelecto especulativo (**noûs dianoetikós** ou **noetikós**), que se aplica aos objetos mentais (*De an.*, III, 7).

Plotino segue Aristóteles. Do ponto de vista psicológico: "Há, por um lado, o intelecto raciocinante (**logizómenos**) e, por outro, aquele que possui os princípios do raciocínio. Essa faculdade de raciocinar não precisa de um órgão físico [...], está separada e não tem mistura com o corpo" (**V**, I, 10). Do ponto de vista metafísico, o lugar do **Noûs** é um tanto relativo: ele é a segunda das Hipóstases que constituem a Realidade original. A primeira, absoluta e primeiro Princípio, é o Uno (**hén**) ou o Bem (**agathón**); a segunda é o Espírito, ou **Noûs**, que dele procede necessariamente desde toda a eternidade; embora segundo, esse **Noûs** possui um conjunto de atributos que fazem dele um absoluto: ele é o lugar das Essências platônicas, a Inteligência em ato de Aristóteles, a Beleza eterna, o Ser, a Potência criadora (**V**, I, 5-7, 10; II; III, 1-12; IV, 2; VI, 4; VIII, 3, 5; IX, 3-9; **I**, VIII, 2). O homem, por seu próprio espírito, participa do **Noûs** absoluto; por isso, é imortal. É esse espírito que é o instrumento da contemplação das Idéias, dos Inteligíveis (**noetá**) e faz o homem ter acesso à verdade (**V**, I, 11; III, 3, 5-8). Por isso, ele é a essência do homem: "é próprio do homem, é a vida segundo o espírito": **bíos katà tòn noûn** / βίος κατὰ τὸν νοῦν (**I**, IV, 4, 10).

Marco Aurélio vai mais longe e garante que "o espírito de cada um de nós é um deus" (XII, 26).

Para Proclos, o Espírito é múltiplo; não é apenas o Espírito, que procede do Uno, mas sim espíritos (**noî** / νοῖ), que participam do Uno. Todo espírito é divino, ato, pensa-se a si mesmo; é substancial, indivisível, gerador de idéias (*Teologia*, 160-183).

nûn (tó) / νῦν (τό): instante.

Textualmente: "o agora". "O instante é a continuidade do tempo, pois liga o passado ao futuro" (Aristóteles, *Fís.*, IV, 13).

oikonomía (he) / οἰκονομία (ἡ): economia doméstica.

Política. A arte das três relações que existem no seio da família e se repetirão no seio do Estado: relação despótica (**despotiké**), entre o senhor e o escravo; relação conjugal (**gamiké**); relação de poder paterno (**teknopoietiké**) (Aristóteles, *Pol.*, **I**, III, 2).

oîkos (ho) / οἶκος (ὁ): família.

Em Aristóteles, imagem e origem do Estado (*Pol.*, **I**, II).

oligarkhía (he) / ὀλιγαρχία (ἡ): oligarquia.

Governo baseado na riqueza (Platão, *Rep.*, 550c-553a). O homem oligárquico é guiado pela cobiça e pela pusilanimidade (Platão, *Rep.*, 553c-555b). Aristóteles distingue quatro espécies de oligarquia: censitária, por cooptação, hereditária e dinástica (*Pol.*, **IV**,V, 1-2).

ón (tó) / ὄν (τό): ser, ente. Latim (tardio[1]): *ens.*
Plural: ónta (tá).

Particípio presente neutro substantivado do verbo **eînai** / εἶναι: ser (1.ª pes. sing.: **eimí** / εἰμί: sou). Tradução literal: *o ente, o ser sendo*.

A **ontologia** (palavra forjada no século XVII por Clauberg) é a parte da metafísica que estuda o ser como noção universal (de **óntos** / ὄντος, genitivo de **ón**).

Dupla significação: **a)** o ser singular, o existente; **b)** o ato de ser, o fato de ser; e daí: o ser em geral, tomado abstratamente; que pode vir a ser, em Platão: o Ser em si, a Essência do Ser, Realidade inteligível.

Aristóteles faz distinções mais sutis: **a)** ser por acidente (**katà symbebekós** / κατὰ συμβεβηκός), que se exprime pelo predicado: o homem é *músico*; e ser por si (**kath'hautó** / καθ' αὑτό), que se exprime pelo sujeito (*v.* **autós**); **b)** o ser como verdadeiro, por afirmação da existência (o *ser* é aqui contrário ao *não-ser*: **mè ón** / μὴ ὄν); **c)** ser em ato (**entelékheia** / ἐντελέχεια): *vidente* = que vê atualmente tais objetos; e ser em *potência* (**dynámei** / δυνάμει, dativo): *vidente* = capaz de ver os objetos (*Met.*, Δ, 7, E, 2-4, K, 8-9).

É com Parmênides que começa a filosofia do Ser, com o emprego sistemático da palavra **ón**. Eventualmente ela é encontrada antes dele no sentido concreto: *os seres* (Filolau, *in* Estobeu, *Écl.*, I, 21). Atribuíam-se a Árquitas, na antiguidade, duas obras de elaboração mais tardia: um tratado *Dos princípios* (**Perì arkhôn** / Περὶ ἀρχῶν) e um tratado *Do ser* (**Perì óntos** / Περὶ ὄντος), no qual a palavra **ón** é empregada correntemente no sentido de ser em geral; a maioria dos críticos, por causa desse vocabulário, rejeita a autenticidade desses tratados; mas não se deve esquecer que Árquitas († c. 380), embora pitagórico, é duas gerações mais novo que Parmênides († c. 450) e conheceu sua obra; ademais, ele emprega o dialeto dórico em uso na Magna Grécia: **tà eónta** / τὰ ἐόντα em vez de **tà ónta** (Estobeu, *Écl.*, I, 35, e II, 2). Aliás, Sócrates, contemporâneo de Árquitas, conhece bem a doutrina dos eleatas e emprega o vocabulário deles: "Alguns – constata ele – acreditam que o ser (**tò ón**) é único (**hén** / ἕν) (Xenofonte, *Mem.*, **I**, I, 14). Euclides de Mégara, aluno de Sócrates, identifica o não-ser com o mal, pois o Ser é o Bem. Górgias, outro contemporâneo de Árquitas, manipula as palavras **ón** e **mè ón** no puro estilo eleático. Aliás, ele muda eventualmente de terminologia, adotando **eînai** em lugar de **ón**, em sua famosa proclamação niilista transmitida por Aristóteles: "Nada (**oudén**) existe (**ouk eînai**); se alguma coisa existe, é incognoscível (**ágnoston** / ἄγνωστον); se existe e se é cognoscível, não pode manifestar-se aos outros" (*Sobre Melisso, Xenófanes e Górgias*, V; cf. Sexto Empírico, *Adv. log.*, I, 65-87).

Na verdade, a obra de Górgias, *Do não-ser e da natureza*, que não chegou até nós, é uma resposta a Parmênides ou, mais exatamente, à sua ontologia absolutista. Esta tem como ponto de partida dois axiomas irrefutáveis: o Ser é, e o não-ser não é. Portanto, só há um único Ser (o Uno); pois, se houvesse um segundo (como a díade – **dyás** – de Pitágoras), ele seria o não-Ser, ou seja, nada. Daí a perfeição do Ser: "O Ser é incriado e imperecível, pois só ele é perfeito, imutável e eterno." "O Ser também não é divisível, pois ele é inteiramente idêntico a si mesmo" (fr. VIII, 3-5, 22). A mesma doutrina está em Melisso, com o argumento extraído da mudança: "Se o Ser (**eón** / ἐόν) mudasse, o que é pereceria, e o que não é (**ouk eón** / οὐκ ἐόν) apareceria" (fr. VIII, 6). Contra o eleatismo erige-se o atomismo de Leucipo e de Demócrito, que "tomam como elementos o pleno e o vácuo, por eles chamados, respectivamente, Ser e não-ser" (Aristóteles, *Met.*, A, 4).

É também contra a doutrina do Ser de Parmênides que Platão reage no *Parmênides* e no *Sofista*, mas de um modo bem diferente do de Górgias. No primeiro diálogo, ele expõe que o Ser verdadeiro é a Essência (**eîdos** / εἶδος), que é múltipla e compartilha o Ser, que é assim o Universal, ao mesmo tempo uno e múltiplo (162a-b etc.). No segundo, mostra que, a partir do momento em que há pluralidade no Ser, todo ser é ao mesmo tempo ser e não-ser, ser por participar do Ser, não-ser por participar do não-Ser (240b-258c); a sorte da ontologia é posta num impasse por Parmênides, que negava o princípio da alteridade em nome do princípio de identidade, e sai desse impasse com Platão. Este aproveita a ocasião para estabelecer os cinco gêneros supremos (**eíde mégista** / εἴδη μέγιστα) das Essências eternas: o Ser (**tò ón**), o repouso, o movimento, o mesmo e o outro (*v.* **génos**). Já em *Fédon* (78c-d), Platão mostrara que, em cada coisa, o que é (**hó esti** / ὅ ἐστι) sempre, ou seja, seu ser (**tò ón**), é a Essência única que é em si e por si" (**autò kath'hautó**). *v.* **autós**.

Em Aristóteles, a filosofia primeira (**he próte philosophía** / ἡ πρώτη φιλοσοφία), aquilo que chamamos de metafísica, é a ciência do Ser enquanto Ser (**tò ón hê ón** / τὸ ὄν ᾗ ὄν) (*Met.*, Γ, 1; E, 1; K, 3), ou seja, ela não estuda este ou aquele gênero de seres, mas o Ser enquanto universal (**kathólou**). Pois "tudo o que é é chamado ser em virtude de alguma coisa una e comum, ainda que em sentidos múltiplos" (*ibid.*, K, 3).

Para Plotino, o Ser que merece realmente esse nome é o ser verdadeiramente ser (**ón óntos ón** / ὄν ὄντως ὄν) (**III, VI,**

6), que só existe no mundo inteligível (**IV**, III, 5) e é ao mesmo tempo o objeto de seu próprio pensamento (**V**,V, 1). Isso aproxima Plotino de Aristóteles. *v.* **noûs**.

1. O verbo *esse* (ser), em latim, não tem particípio; **on**, portanto, era intraduzível. Foi na Idade Média que se descobriu um longínquo particípio presente, utilizado por raros autores. Mas ainda se preferia traduzir o particípio **on** pelo infinitivo **esse**: "*Agens sequitur esse*" (O agir decorre do ser).

órexis (he) / ὄρεξις (ἡ): tendência.

Em Aristóteles, um dos três elementos do conhecimento humano, com a sensação (**aísthesis**) e o pensamento (**noûs**). Ela é expressa por dois movimentos opostos: a busca (**díoxis**) e a fuga (**phygé**) (*Ét. Nic.*, **VI**, II). Em Epicteto, faz parte daquilo que é "de nós": **eph'hemîn** / ἐφ' ἡμῖν (*Manual*, I, 1).

ouranós (ho) / οὐρανός (ὁ): céu.

Significado mais habitual: *universo*. "O céu inteiro, ou mundo" (Platão, *Timeu*, 28b). Aristóteles publica um tratado *Do céu* (**Perì ouranoû**), para mostrar que o universo (**pân**) é perfeito (**téleion**) (**I**, 1).

Derivado: **ouránios** / οὐράνιος: celeste. "Amor celeste: **éros ouránios**" (Platão, *Banquete*, 206c).

ousía (he) / οὐσία (ἡ): substância, ser, essência.

Latim: *substantia*.

ousía é um substantivo derivado de **oûsa**, particípio feminino do verbo **eînai** / εἶναι: ser. O neutro é **ón** / ὄν: *ente, ser*. A **ousía** significa, portanto, *aquilo que é*, o que existe realmente fora de nosso pensamento.

Esse termo é empregado pelos autores não filósofos no sentido de *ter*: bens, haveres, riqueza; isso pode parecer paradoxal, mas não o é: para o homem comum, aquilo que tem realidade e consistência é aquilo que se possui de útil e rentável. Os filósofos empregam especificamente **ousía** em dois sentidos: realidade, ou seja, ser enquanto existente; e essência, ou seja, a natureza desse ser.

Encontra-se esse termo em Heráclito, quando ele declara que a substância das coisas está submetida à mudança: **metabolé** (fr. 91).

É com Platão que essa palavra se instala na filosofia; ele lhe confere sentidos diversos, especialmente o Ser; em *Teeteto* (185c): **ousía** e **mè eînai** / μὴ εἶναι = ser e não-ser, mas sempre no espírito do sentido primeiro, sobretudo:

• *Essência eterna* (de outro modo **eîdos** / εἶδος), a Realidade metafísica transcendente ao mundo sensível. Aqui, substância e essência designam o mesmo Ser. "É preciso pôr, para cada Realidade (absoluta: **ousía**), a existência por si mesma (**kath'hautén**)" (*Parmênides*, 133c). "A realidade realmente existente (**ousía óntos**[1] **oûsa** / οὐσία ὄντως οὖσα) é sem cor, sem forma, sem tato, e só pode ser contemplada pela Inteligência (**noûs**), guia da alma" (*Fedro*, 247c). "Quando falo de Grandeza, Saúde e Força [...] trata-se da Realidade (**ousía**)" (*Fédon*, 65d). Esse termo designa claramente aqui, ao mesmo tempo, substância e Essência eterna. O mesmo significado existe quando Platão atribui à razão superior (**nóesis**) a tarefa de elevar-se até a **ousía** (*Rep.*, VII, 523a).

• *Essência das coisas, sua natureza*. Os homens costumam ignorar a essência (**ousía**) de cada coisa (*Fedro*, 237c). As realidades cognoscíveis recebem o ser e a essência (**eînai kaì ousía**) do Bem (**agathón**) (*Rep.*, VI, 509b). No livro II da *República* (359a), Platão tenta definir "a natureza da justiça" (**ousía dikaiosýnes**).

Foi Aristóteles que tratou sistematicamente de sua noção de **ousía** como substância, de acordo com três planos: lógico, físico e metafísico.

• *Lógico*. Primeiramente, por abordagem negativa: "A substância, no sentido mais fundamental, é aquilo que não é afirmado de um sujeito, nem em um sujeito" (*Cat.*, V, 2a). Isso quer dizer: ela não é um predicado (em "a neve é branca", branca não pode ser substantivo) e não pode pertencer a uma realidade como caráter próprio, não pode ter existência como modo de um outro ser. Depois, abordagem positiva: **ousía** é o sujeito lógico, aquilo de que o resto é afirmado (*Cat.*, V, 4b). Donde uma primeira conclusão: a substância é a primeira categoria do ser (*Met.*, Z, 1).

• *Físico*. Como é sujeito, a **ousía** é concreta; e o primeiro sujeito concreto apresentado pela experiência é o sujeito sensível, que pertence à *natureza* e é objeto de ciência física. A própria matéria deve ser considerada como substância universal (*Met.*, H, 1, 8; Λ, 2; *De gen.*, I, 4). É na substância física que ocorre a mudança (*Fís.*, I, 4); é por ela que se explicam a geração e a corrupção (*ibid.*, I, 7). Daí a teoria hilemórfica: toda substância física é composta de matéria (**hýle** / ῡλη) e forma (**morphé** / μορφή).

• *Metafísico*. A metafísica, ou filosofia primeira (Aristóteles ignora o termo metafísica), é a ciência da substância (*Met.*, Γ, 2; B, 2; Z, 1; Δ, 8). A substância – diz Aristóteles – pode ser considerada de quatro pontos de vista: a *qüididade* (**tò tí ên eînai** / τὸ τί ἦν εἶναι), ou seja, aquilo que a coisa é "por si", em outras palavras, por nenhuma das qualidades que lhe dizem respeito, mas por sua realidade própria: uma existência independente; o *universal* (**kathólou**) e o *gênero* (**génos**), pois essa essência é semelhante em todos os seres que admitem a mesma definição; enfim o *substrato*, ou sujeito (**hypokeímenon** / ῡποκείμενον) (*ibid.*, Z, 4). Essa noção soma-se à de qüididade; isso porque, se a substância é independente de suas qualidades e, permanecendo sempre o que é, não muda, ela é a sede, o sujeito das qualidades (os acidentes: **symbebekóta**) e da mudança. A substância individual, única que possui a qüididade, é a verdadeira **ousía**; pode-se, porém, atribuir às essências universais e aos gêneros a denominação de substâncias segundas (*Cat.*, V).

Os estóicos consideram que há uma substância universal (**he ousía tôn hólon**, Marco Aurélio, VI, 1), mas não procuram definir essa noção. Não há substâncias individuais, pois todo ser é um fragmento do Todo único.

Plotino emprega **ousía** nos mesmos sentidos que Platão:

• *Ser, Realidade*. "É no Mundo inteligível que se situa a Realidade verdadeira: **he alethès ousía**" (**IV**, I, 1). "A sabedoria verdadeira é o Ser: **ousía**" (**V**, VIII, 5). "Aquilo que chamamos Realidade (**ousía**) no sentido primeiro não é a sombra do Ser, mas o próprio Ser" (**V**, VI, 6).

• *Essência das coisas.* A alma "recebe tudo o que tem de sua essência" (**VI**, II, 6). "Cada um, pelo corpo, está afastado de sua essência; mas, pela alma, participa dela" (**VI**, VIII, 11). "Em nossos estudos sobre a essência da alma [...]" (**V**, II, 1).

• No entanto, lembra-se de Aristóteles quando fala da substância como composto de forma (**eîdos**) e matéria (**hýle**) (**VI**, I, 3; III, 3).

1. **Óntos** é um advérbio derivado de **ón**, o ser: *realmente, verdadeiramente*. Essa expressão concentrada emprega três vezes um termo que se refere ao ser.

pân (tó) / πᾶν (τό): tudo, todas as coisas, o Todo.
Latim: *omnia*.

O conjunto das realidades sensíveis, o universo; *v.* **hólon**, **kósmos**.

Gramaticalmente, **pân** é, em primeiro lugar, um adjetivo indefinido neutro (latim: *omne*) cujo masculino é **pâs** / πᾶς. A seguir esse neutro é substantivado para designar uma totalidade.

Esse termo quase não é empregado pelos filósofos. Contudo, é encontrado desde as origens. Árquitas de Tarento teria escrito um tratado *Sobre todas as coisas* (**Perì toû pantós** / Περὶ τοῦ παντός). É encontrado ocasionalmente em Heráclito (fr. 50), Arquelau (D.L., II, 17), Parmênides (*ibid.*, VIII, 22, 48) e Melisso (*ibid.*, VII, 1). Sócrates, segundo Xenofonte, empregava esse termo no plural (**tà pánta** / τὰ πάντα) para lembrar essa noção empregada por seus predecessores (*Mem.*, **I**, I, 11); Platão o evita a tal ponto que ele não figura no douto *Léxico* platônico de Édouard des Places. No entanto, é encontrado no *Timeu* (28b, 40b), quando ele apresenta a terra fixada no eixo que atravessa o Todo e se pergunta se há alguma diferença de significado entre o conjunto (**tò hólon**) e o Todo. Aristóteles o adota em *De caelo* para designar o universo. Também é o termo usado por Epicuro, em sua carta a Heródoto (D.L., X, 39, 41). É Plotino que recorre a ele com mais freqüência, embora com parcimônia também, especialmente na primeira *Enéada*, para opor o Mundo inteligível, que é o Todo verdadeiro, ao mundo visível, que é apenas imagem desse Todo (**VI**,V, 2).

parádeigma (tó) / παράδειγμα (τό): Modelo.
Latim: *exemplar*.

Em Platão, os *paradeigmata* são as Essências eternas, modelos a partir dos quais as realidades sensíveis vieram ao ser.

Essa palavra é composta pelo radical **deik-**, encontrado no verbo **deiknýnai** / δεικνύναι, mostrar (1ª pes. sing.: **deíknymi**), e pela proposição **para**, que designa origem, ponto de partida. O *paradigma* é aquilo que se manifesta do alto.

Em *Timeu* (28a-b), assiste-se à formação do mundo sensível. O Demiurgo modela a matéria primitiva com o olhar fixo no *Paradigma*, ou seja, no Mundo Inteligível. A partir daí, há três tipos de ser: o Modelo "inteligível e imutável"; a cópia (**mímema** / μίμημα), visível e sujeita ao nascimento; e o intermediário entre os dois, conjunto dos quatro elementos: água, fogo, ar e terra, em constante devir e mutação (*Timeu*, 48e-49b). Na *República* (V, 472d-c), Platão mostra um modelo de Estado perfeito, cuja cópia o homem político deve realizar.

Aristóteles só emprega esse termo para lembrar e criticar a teoria platônica (*Met.*, M, 5). Plotino, ao contrário, o adota, mas vai buscar a causalidade mais acima: o Autor do mundo sensível é também autor do Mundo Inteligível (**II**, IX, 5). Mas, em outro lugar, Plotino apresenta o Espírito (**Noûs**) ao mesmo tempo como causa e modelo do mundo sensível (**III**, II, 1). Também para a alma humana há modelos de vida espiritual (**III**, IV, 5), pois as virtudes são como exemplares no Espírito (**I**, 7).

Sinônimo: **arkhétypos (ho)** / ἀρχέτυπος (ὁ). Utilizado essencialmente por Plotino: é em Deus que estão os modelos das virtudes que devem ser praticadas (**I, II, 2**). Em outro lugar, esse termo é concomitante com o de **parádeigma**: "O Espírito é o arquétipo e o paradigma deste mundo" (**III, II, 1**).

páthos (tó) / πάθος (τó): paixão. Latim: *passio, affectio, perturbatio*. Plural: páthe (tá) / πάθη (τά).

Esse termo tem dois sentidos:

• *Metafísico*. É o contrário de ação ou, mais precisamente, não o sujeito que pratica a ação, mas o objeto que a recebe.

• *Psicológico*. É o fato de sofrer, de ser coagido e movido por uma força interior que escapa à vontade. Por isso, **páthos** é também sofrimento, dor, tristeza; o termo **páthe** / πάθη (aqui fem. sing.) tem exclusivamente esse sentido.

A raiz grega **path-** encontra-se em latim, onde assume o mesmo significado; o infinitivo *pati* quer dizer sofrer, nos dois sentidos: ter sofrimento e permitir/receber. *Passio* (tardio) abrange, por um lado, um sentimento intenso e penoso e, por outro, um longo sofrimento físico: paixão pelo jogo, Paixão de Cristo ou dos mártires. Derivam do grego o termo moderno *patético* e os termos científicos *patologia, patógeno, neuropata* etc.; do latim, *padecer, paciente, passivo, passional*.

Composto: **apathés** / ἀπαθής, impassível, que não é capaz de sofrer.

Aristóteles opõe ação e paixão desde o tratado *Das categorias*. Mas ele as designa com os infinitivos substantivados: **tò poieîn** / τὸ ποιεῖν e **tò páskhein** / τὸ πάσχειν, agir e sofrer (IX e X). Na *Metafísica* (Δ, 21), **páthos** costuma ser traduzido por *afeição*, ou seja, qualidade, estado que afeta uma substância.

Foram os estóicos que mais estudaram a psicologia da paixão: esta é má influência da sensibilidade sobre a razão. Crisipo a define como "movimento irracional da alma" (Arnim, *Fragmenta veterum Stoicorum*, III, 113); Zenão, como "um movimento irracional (**álogos** / ἄλογος) e contrário à natureza" (**parà phýsin** / παρὰ φύσιν). Esse fato de ser um movimento (**kínesis** / κίνησις) a diferencia de outros estados de alma, como a doença e o vício, que são afeições contínuas, enquanto a paixão é ocasional (Zenão, *in* D.L.,VII, 110; Cícero, *Tusc.*, **IV**, XIII, 30).

Dois problemas apresentados pela paixão.

• *Classificação*. No *Timeu* (69d), Platão enumera incidentemente cinco paixões principais: prazer, tristeza, ousadia, medo, esperança. Em sua *Retórica*, Aristóteles dedica doze capítulos do livro II a esse tema: um às paixões em geral, onze às principais: cólera, brandura, amor e ódio, medo, vergonha, beneficência, piedade, indignação, inveja, emulação. Os estóicos esmeraram-se na racionalização desse exercício, em seus múltiplos tratados *Das paixões*, em especial de autoria de Zenão, Crisipo, Aristão, Esferos, Hecatão, Herilo. A lista clássica parece ser a de Zenão e Hecatão (D.L.,VII, 110), e provavelmente de Aristão, que lhe dava o nome de tetracórdio (Clemente de Alexandria, *Stromata*, **II**, XX, 108): tristeza (**lýpe** / λύπη), medo (**phóbos** / φόβος), prazer (**hedoné** / ἡδονή), desejo (**epithymía** / ἐπιθυμία).

• *Valor moral*. Como o homem é definido pela razão, e como a paixão é contrária à razão, ela se mostra contranatural e, de direito, é imoral. Foram especialmente os estóicos que mais se estenderam sobre esse fato. Mas as paixões vêm do exterior, do mundo sensível, uma vez que não estão em meu poder; só se tornam condenáveis quando lhes dou meu assentimento (Epicteto, *Leituras*, **III**, XXIV, 20-24; **IV**, I, 82, 85 etc.; Cícero, *Tusc.*, **II**, XXV, 61; **III**, XXIX, 72; etc.).

péras (tó) / πέρας (τό): fim, termo, conclusão.

Ser que é metafisicamente acabado, perfeito. *v. seu negativo*: **ápeiron**.

phainómenon (tó) / φαινόμενον (τό): aparência.

Plural: phainómena. Latim: *species*.

Aquilo que aparece da realidade. No plural, às vezes: acontecimentos.

Particípio neutro substantivado do verbo **phaínesthai** (1ª pes. sing.: **phaínomai**): aparecer. Portanto, é apenas aquilo que os sentidos conhecem da coisa. A noção habitual é de insuficiência (a aparência não nos permite conhecer a realidade) ou mesmo de ilusão (a aparência trai a realidade).

O emprego dessa palavra é raro até Aristóteles. É encontrada uma vez em Anaxágoras: "As aparências são o rosto do invisível" (fr. 21a), e às vezes em Platão: as obras de arte são "coisas aparentes, mas não seres dotados de realidade" (*Rep.*, X, 596e); o autor das obras nada conhece do ser, mas apenas da aparência (*ibid.*, X, 601b). Aristóteles começa a empregá-la em sentido científico: os fenômenos das esferas, do sol e da lua (*Met.*, Λ, 8, 1073b). É no mesmo sentido que Epicuro a utiliza em sua *Carta a Pítocles*, cujo objetivo é "dar a conhecer os fenômenos do céu" (D.L., X, 84-126). Quanto a Sexto Empírico, esforçando-se por definir o ceticismo que professa, escreve: "É a faculdade de opor os fenômenos aos conceitos de todas as maneiras possíveis" (*Hipot.*, I, 5).

phantasía (he) / φαντασία (ἡ): imaginação.

Faculdade da alma humana de criar imagens imanentes.

O radical **phan**, oriundo da raiz **phao**, luz, indica aparência. É encontrado no verbo **phaínein** / φαίνειν: fazer aparecer (futuro, **phanô**) e seu passivo **phaínesthai** / φαίνεσθαι (1ª pes. sing.: **phaínomai**), aparecer. Particípio neutro: **phainómenon** / φαινόμενον, aparência, fenômeno. A **phantasía**, num primeiro sentido, é aparência ou imagem, ou seja, aparição ou simulacro da realidade.

Platão emprega incidentemente essa palavra, ora no sentido de aparência (Deus é simples e não nos engana com simulacros, *Rep.*, II, 382c), ora no sentido de faculdade imaginativa (imaginação e sensação são uma mesma coisa, *Teeteto*, 152c). Aristóteles a trata essencialmente como faculdade em *De anima* (III, 3) insistindo no fato de que ela é diferente da sensação (**aísthesis**) e do pensamento (**diánoia**): ela é "movimento nascido da sensação". Para Epicuro, a **phantasía** é sempre verdadeira (Sexto Empírico, *Adv. math.*, VII, 203). Os estóicos empregam a palavra **phantasía** em dois sentidos. Por um lado, é ela aparência (enganosa) que se opõe ao fenômeno (**phainómenon**), que é o fato normal (Epicteto, *Manual*, I, 5). Nisso, a infelicidade é pura aparência, pois é um juízo de valor que fazemos sobre o fato real. Por outro lado, **phantasía** tem o sentido mais amplo de *representação*; se a fonte das *paixões* (**páthe** / πάθη) não está em mim, o que está em mim, graças à razão, é o uso (**khrêsis**) das representações (Epicteto, *Leituras*, III, XXIV, 69; III, 1; II, 42). Nossa razão só deve dar assentimento a uma representação compreensiva (**phantasía kataleptiké**), ou seja, clara e evidente (*ibid.*, III, VIII, 3; D.L., VII, 54). Por outro lado, os céticos (Pírron, Tímon, Enesidemo) declaram que não há diferença entre representação e fenômeno, pois tomamos constantemente uma pelo outro (D.L., IX, 107). Plotino define a **phantasía** como "o choque recebido pela parte irracional da alma por um objeto exterior" (**I, VIII, 15**).

philía (he) / φιλία (ἡ): amizade. Latim: *amicitia*.

Laço afetivo entre dois seres humanos. Derivado do verbo **philô** / φιλῶ, eu amo.

A amizade é considerada pelos filósofos gregos como uma virtude ou, pelo menos – conforme escreve Aristóteles –, "é acompanhada por virtude" (*Ét. Nic.*, **VIII**, I, 1). Eles tomam essa palavra no sentido estrito de afeição recíproca, ao passo que **philía** tem sentido bem mais amplo.

A amizade como elo privilegiado já é celebrada por Pitágoras, para quem ela é uma igualdade: **isótes** / ἰσότης (Jâmblico, *Vida de Pitágoras*, 162) e "o amigo é outro eu"[1] (Ps-Plutarco, *Vida de Homero*, 151); Pitágoras teria chegado a dizer que a amizade é "a finalidade de toda virtude" (Proclos, *Comentário ao primeiro Alcibíades*, 109c). Essas definições fazem parte da teoria geral da harmonia, que une as partes no universo, as faculdades mentais no espírito e as virtudes no sábio. Platão emprega incidentemente **philía**, por exemplo em *Fedro* (2131e), quando fala do homem que merece nossa amizade.

É Aristóteles que estuda a **philía** com mais interesse e amplidão, no livro VIII da *Ética nicomaquéia*, que constitui um verdadeiro tratado sobre a amizade. Esta, para ser verdadeira, deve atender a três critérios: benevolência mútua, desejo do bem, manifestação exterior dos sentimentos (II, 4); a amizade perfeita é a amizade dos bons, que se assemelham pela virtude (III, 6). Epicuro considera que toda amizade é desejável, mas começa com a utilidade (*Sentenças*, 23). Os estóicos, julgando censurável todo e qualquer sentimento, porque contrário à razão, consideram, porém, que a amizade é uma das virtudes mais elevadas e indispensáveis; e Epicteto insiste exatamente no fato de que ela é peculiar ao sábio, pois, como exige que o outro seja amado por si mesmo e por um bem comum espiritual, é ela impraticável por aquele que é inconstante e está submetido às paixões (*Leituras*, II, XXII, 3-7).

Empédocles, segundo Aristóteles, explicava o movimento do mundo pela Amizade (**philía**) e pelo Ódio (**neîkos**), que unem e desunem os elementos do mundo, provocando, alternadamente, o uno e o múltiplo (*Fís.*, VIII, 1; A, 4). Ora, o poema *Da natureza* de Empédocles, reconstituído por Diels, não emprega o termo **philía**, mas seu sinônimo **philótes** / φιλότης, que tem um sentido mais forte (fr. XVII, 7, 20; XIX; XX, 2, 8; XXVI, 5; XXXV, 4, 13). Por outro lado, emprega uma vez a forma **philíe** / φιλίη (fr. XVIII).

1. ὁ φίλος ἄλλος ἐστὶν ἐγώ.

philosophía (he) / φιλοσοφία (ἡ): filosofia.
Latim: *philosophia.*

Amor à sabedoria.

O inventor da palavra filosofia, segundo diz Diógenes Laércio, foi Pitágoras. Este considerava que nenhum homem podia dizer-se sábio, e que a sabedoria é privilégio dos deuses. Por isso, preferiu chamar-se *filósofo*, ou seja, "amigo da sabedoria" (Intr. 12; Lactâncio, *Instituições divinas*, III, 2; Cícero, *Tusc.*, V, 8-9; Santo Agostinho, *Cidade de Deus*, VIII, 2). Paradoxalmente, essa modéstia fez que ele fosse considerado como um sábio; Íon de Quios cantava que ele havia sobrepujado todos os outros em sabedoria (D.L., I, 120).

Para Platão, filósofo é "aquele que ama contemplar a verdade" (*Rep.*, V, 475e), e, graças a esse amor, é capaz de atingir o Ser imutável (*Rep.*, VI, 484b). Assim, ele adquire a totalidade da compreensão das coisas divinas e humanas (*Rep.*, VI, 486a, 490a-b). Mas, para praticá-la, é preciso morrer para o mundo sensível (*Fédon*, 64c-67e). A essa doutrina intelectual e mística a *República* acrescenta uma doutrina política: o filósofo é o único homem apto a governar o Estado; pois só ele, contemplando as Essências eternas, é capaz de modelar a pólis terrestre com base na Idéia de Justiça (VI, 501b-c).

Aristóteles professa noção parecida: a filosofia é "a ciência da verdade": ἐπιστήμη τῆς ἀληθείας (*Met.*, α, 1, 953b). Mas o objeto dessa ciência não é a realidade transcendente das Essências, que Aristóteles não reconhece: trata-se, portanto, de uma verdade interior à inteligência humana. No entanto, como visa atingir a *ciência*, que é algo divino, a filosofia é a mais desejável das atividades (*Met.*, A, 2, 983a). Aristóteles escreveu um tratado *Da filosofia* (**Perì philosophías**) em três livros, dos quais nos restam 32 fragmentos.

Próte philosophía (he) / πρώτε φ. (ἡ): filosofia primeira.

Termo com que Aristóteles designa aquilo que chamamos de metafísica.

philótes (he) / φιλότης (ἡ): afeição, amor, amizade.

Palavra empregada por Empédocles em lugar de **philía**.

phóbos (ho) / φόβος (ὁ): medo.

Uma das quatro paixões principais para os estóicos (D.L., VII, 112). *v.* **páthos**.

phorá (he) / φορά (ἡ): movimento local (Aristóteles, *Cat.*, XIV). *v.* kínesis.

phrónesis (he) / φρόνησις (ἡ): inteligência.

Palavra de diversos sentidos: *sabedoria*, em Bias (D.L., I, 88) e em Cleóbulo (*Sentenças*, 21); *pensamento* em Heráclito (fr. 2); *inteligência divina*, em Sócrates (Xenofonte, *Mem.*, **I**, V, 17); *pensamento puro*, em Platão (*Fédon*, 68b, 79d etc.); *discernimento moral* ("prudência") em Aristóteles (*Ét. Nic.*, **VI**,V; *Pol.*, **IV**, IV, 11).

phthísis (he) / φθίσις (ἡ): diminuição.

Uma das formas da mudança (Aristóteles, *Cat.*, XIV). *v.* **kínesis**.

phthorá (he) / φθωρά (ἡ): corrupção. Latim: *corruptio*.

Destruição de uma substância sensível. Aristóteles fala disso em seu tratado *Da geração e da corrupção*: **Perì genéseos kaì phthorâs** / Περὶ γενέσεως καὶ φθωρᾶς. Pitágoras ensinava que a matéria (**hýle**) está sujeita à corrupção (Aécio, **I**, XXIV, 3).

Adjetivos derivados: **phthartós** / φθαρτός: **corrompido**, **destruído**; **corruptível**, **destrutível**. "Uma substância deve necessariamente ser eterna ou corruptível" (Aristóteles, *Met.*, 3). "Os seres eternos são anteriores aos seres corruptíveis" (*ibid.*, Θ, 8). O intelecto passivo é corruptível (Aristóteles, *De an.*, III, 5). Aristóteles aplica também essa noção à política: destruição de um poder (*Pol.*, **V**, X, 38). *v.* **áphthartos**.

phýsis (he) / φύσις (ἡ): Natureza. Latim: *natura*.

O substantivo **phýsis** deriva do verbo **phýo** (φύω), que quer dizer faço crescer, faço nascer, e, na forma média, **phýomai** (φύομαι): eu broto, eu cresço, eu nasço. A Natureza se manifesta como potência autônoma que possui, comunica e organiza a vida. Dois sentidos:

• *Natureza universal*. Se, materialmente, o mundo é um Todo, um conjunto, a Natureza apresenta-se, formalmente, como a Ordem do mundo, como a lei que regra os fenômenos e a alma que vivifica o corpo.

- *Natureza íntima de cada um*. Essência.

Em seu léxico filosófico (*Met.*, Δ, 4), Aristóteles tenta encontrar uma definição para **phýsis**. E, para isso, seguindo seu método habitual, passa em revista os diferentes sentidos:

– geração (**génesis** / γένεσις) dos seres dotados de crescimento. É esse o sentido etimológico;
– causa interna do crescimento, lei imanente à vida;
– matéria-prima dos seres (bronze, madeira);
– substância (**ousía** / οὐσία) dos seres naturais.

Conclusão: a natureza, em seu sentido primeiro e principal, é a substância dos seres que têm em si o princípio de seu próprio movimento.

- *Natureza universal*. O emprego dessa palavra é antigo na história da filosofia. As primeiras obras que expunham o sistema do mundo eram tratados *Da natureza* (**Perì phýseos** / Περὶ φύσεως). Assim, esses tratados teriam sido escritos por Tales, Ferecides de Siro (*Da natureza e dos deuses*), por vários membros da escola pitagórica (Brontino, Alcmêon, Mílon, Filolau), por Xenófanes, Parmênides, Zenão de Eléia, Empédocles e Anaxágoras. Para Pitágoras, a Natureza era mais que o mundo sensível, pois Porfírio explica que ela continha, além deste mundo e dos homens que o habitam, os deuses imortais (*Vida de Pitágoras*, 48).

O mesmo ocorre com Platão. Ele denigre seus antecessores "que fizeram investigações sobre a Natureza" por terem emitido doutrinas ímpias; de fato, chamaram a Natureza de Tétrade dos quatro elementos (terra, água, ar e fogo), transformando-os nas primeiras qualidades de todas as coisas, sem se preocupar com a alma espiritual (*Leis*, X, 891b-d). Por isso, ele reúne com o conceito de **phýsis** todos os seres, materiais e espirituais, produzidos por uma potência original. Em *Fedro* (270c), vê a Natureza como Lei Espiritual que rege o universo.

Aristóteles dedica à **phýsis** todo o segundo livro de sua *Física*, pois esta é "a ciência da Natureza". Ela tem como objeto os seres em movimento (**kinoúmena** / κινούμενα), ao passo que a metafísica tem como objeto as causas e os princípios imutáveis ("imóveis") dos quais os seres naturais extraem sua origem.

Para os estóicos, a Natureza é o Todo e o absoluto. O mundo é "um vivente único, composto de uma única substância e de uma única alma" (Marco Aurélio, IV, 40), e a ordem que o governa é a Natureza. Assim, a natureza rege eternamente o Todo com leis racionais necessárias e perfeitas. Ela é, pois, divina (D.L., VII, 89, 135, 147). Epicuro escreveu um tratado *Da natureza*, que não chegou até nós. Ele, porém, aproveita outras oportunidades para tecer-lhe elogios: ela é imortal e bem-aventurada, sede da ordem e da unidade (*Carta a Heródoto, in* D.L., X, 79). Entre os desejos, há os naturais (no masc. sing. **physikós**) e necessários, os naturais e não necessários e os que não são naturais nem necessários; são os primeiros que levam ao verdadeiro prazer, fonte da felicidade (*Carta a Meneceu, in* D.L., X, 149). Para Plotino, a Natureza é a forma do Universo; ela também é uma alma; não a alma do mundo, mas uma alma segunda, produzida pela alma primeira, que possui sensações e inteligência (**III**, VIII, 2-4). "Uma natureza única (**mía**) reúne todos os seres: é um grande deus" (**V**, V, 3).

Locução: **katà phýsin** / κατὰ φύσιν (acusativo): em conformidade com a Natureza. Muito empregada pelos estóicos, mas também pelo peripatético Critolau (Clemente de Alexandria, *Stromata*, **II**, XXI, 129).

• *Caráter íntimo e permanente de um ser*: sua natureza, universal ou individual.

Filolau fala da natureza do número, que é "mestra de conhecimento" (Estobeu, *Écl.*, Intr.). Jâmblico conta que os primeiros pitagóricos estavam conscientes da importância de sua natureza (*Vida de Pitágoras*, 175). Diógenes de Apolônia constata que cada um dos quatro elementos é diferente dos outros por sua natureza (fr. 2); Heráclito diz que todos os dias têm a mesma natureza (fr. 106). Sócrates – segundo diz Xenofonte – não discorria sobre a natureza do universo (**phýsis tôn pánton**[1]) (*Mem.*, **I**, I, 10). Platão emprega abundantemente esse sentido:

fala da natureza do homem (*Leis*, XI, 923b, 931e; IX, 874e), da natureza da alma (*Rep.*, X, 611b, 612a), da natureza do filósofo (*Rep.*, III, 410b), da natureza do Bem (*Filebo*, 32d), da justiça (*Rep.*, III, 358e), da Beleza eterna (*Rep.*, V, 476b). Aristóteles mostra como, na Natureza, cada realidade tem atributos que constituem sua natureza: a do fogo é a de dirigir-se para o alto; o mesmo ocorre com cada objeto singular: a natureza do leito é a madeira; a natureza da estátua é o bronze (*Fís.*, II, 1). Por natureza (**phýsei** / φύσει, dativo), os animais são dotados de sensação (*Met.*, A, 1, 980a). Por natureza, o homem é um animal político (*Pol.*, **I**, II, 9; *Ét. Nic.*, **I**, VII, 6). Por natureza, os homens nascem livres ou escravos (*Pol.*, **I**, V, 11).

Para os estóicos, a Natureza é ao mesmo tempo *minha* natureza; por um lado, a lei de minha natureza é estar incorporado ao Todo; por outro lado, recebi para mim uma natureza na qual triunfa a razão, que quer a submissão das partes ao Todo e do sensível ao inteligível. Assim, a felicidade consiste em "fazer aquilo que a natureza exige do homem" (Marco Aurélio, VIII, 1, 5). É essa harmonia das duas naturezas que constitui o ideal do estóico: segundo Crisipo, "nossa natureza consiste em viver segundo a natureza, a nossa e a do universo" (D.L., VII, 88). Assim como os estóicos, Epicuro reconhece que a finalidade do homem é estar em conformidade com sua própria natureza (D.L., X, 129), mas com uma forma completamente diferente, pois essa finalidade é o prazer.

1. Genitivo plural de *to pân*.

pístis (he) / πίστις (ἡ): crença.

Em Platão, conhecimento dos objetos sensíveis, um dos estágios da *dialética* (*Rep.*, VI, 511e, VII, 534a). Em outro lugar, convicção espontânea (Aristóteles, *Tóp.*, IV, 4, 5).

poíesis (he) / ποίησις (ἡ): fabricação, atividade operatória; poesia. Latim: *Ars, operatio. Poesis.*

Atividade transitiva do homem sobre as coisas (em oposição à ação imanente).

O radical **poi** é o radical do *fazer*. E encontrado em:
- **poiô** / ποιῶ (inf. **poieîn** / ποιεῖν): fazer
- **poíema** (**tó**) / ποίημα (τό): obra, poema.
- **poietés** (**ho**) / ποιητής (ὁ): fabricante, autor, poeta.
- **poietikós** / ποιητικός: produtor, operatório.

Poíesis pode significar:

• Ação em geral. "Aqueles que realizam ações as realizam em vista de um bem" (*Górgias*, 468b). Aristóteles faz de **tò poieîn** (o agir) e de **tò páskhein** (o sofrer) duas categorias opostas (*Cat.*, IX; *De gen.*, I, 2, 6-9). "Nenhuma das ações que têm um termo é um fim em si mesma" (*Met.*, Θ, 6).

• Operação, fabricação, em oposição à ação imanente. Aristóteles mostra, alternadamente, a reflexão que preside à **prâxis** e à **poíesis** (*Ét. Nic.*, **VI**, I, 4-5), e depois insiste para marcá-las como duas atividades distintas (*ibid.*, **VI**, IV, 5).

• Poesia. O poeta é um "fazedor" de versos. É preciso distinguir, na obra poética, dois elementos inseparáveis na prática, mas totalmente diferentes em sua natureza: o verso e a música. Quando Platão, na *República* (III, 377a, 381c; X, 599b-603b), condena a poesia (**poíesis**), atém-se ao texto, pois o critica por ser uma imitação, um fantasma: quando, em *Fédon* (60c-61c), ele louva a poesia de Sócrates, emprega o termo **mousiké** / μουσική; então, o que ele admira é a inspiração. Aristóteles escreveu uma *Poética* (**Poietiké** / ποιητική), subentendido **tékhne** / τέχνη = arte; é uma arte poética.

poión (tó) / ποιόν (τό): qualidade. Adjetivo neutro substantivado.

Aquilo que qualifica uma substância. Uma das dez categorias de Aristóteles. Nas *Categorias* (VIII), ele inclui o *estado* (**héxis**) e acrescenta: aptidão, afeição, figura, contrariedade.

pólis (he) / πόλις (ἡ): cidade-Estado, pólis.

Comunidade urbana à qual convém dar uma constituição, que será a **politeía**; a palavra **pólis** pode significar *Estado*, pois cada cidade grega constituía um Estado (Platão, *Rep.*, III, 343d; *Leis*, II, 667a; VI, 766d; Aristóteles, *Pol.*, **I**, I, 1).

politeía (he) / πολιτεία (ἡ): Estado, república, constituição.

Platão (*República* e *Leis*) e Aristóteles (*Política*) propõem-se estabelecer qual é o melhor governo da Pólis. Para Platão, só um governo é justo e bom, a aristocracia; outros quatro são desfavoráveis à pólis: *timocracia, oligarquia, democracia* e *tirania*, que se engendram mutuamente (*Rep.*, VIII; IX, 571a-580c). Aristóteles estuda a *democracia*, a *oligarquia*, a *aristocracia*, a *politia* e a *tirania* (*Pol.*, livro IV).

posón (tó) / ποσόν (τό): quantidade, grandeza.

Adjetivo neutro substantivado.

Uma das dez **categorias** de Aristóteles. Duas espécies: quantidade descontínua (número e discurso), quantidade contínua (linha, superfície, volume, tempo, lugar, movimento) (*Cat.*, VI; *Met.*, Δ, 13).

prâxis (he) / πρᾶξις (ἡ): ação. Latim: *actio*.

Atividade imanente de um sujeito (oposta à ação transitiva, que se exerce sobre um objeto). *v.* **poíesis**.

Prâxis é uma palavra formada de **prag-sis**: o radical que indica ação é **prag**. É encontrado em: **prâgma (tó)** / πρᾶγμα (τό): ocupação, afazer; **praktikós** / πρακτικός: ativo. Ao intelecto especulativo (**noûs noetikós** ou **dianoetikós**) Aristóteles opõe o intelecto ativo (**noûs praktikós**) (*De an.*, III, 7); *v.* **noûs**. **Práttein** / πράττειν: agir (apenas no dialeto ático; nos outros: **prássein**). Substantivado: **tò práttein**: o agir.

Prâxis pode significar:

– Toda atividade do homem: "Falar é uma ação" (*Crátilo*, 387c). "Nenhuma das ações (**tòn praxeón**) que têm termo é um fim" Aristóteles (*Met.*, Θ, 6). "O princípio da ação é a

livre escolha" Aristóteles (*Ét. Nic.*, **VI**, 4).
- Ação oposta à fala (*Górgias*, 450d).
- Ação moral. "No que se refere às ações, a opinião verdadeira não é pior nem menos útil que a ciência" (*Mênon*, 98c).
- Ação oposta à especulação. Aristóteles distingue a reflexão (**diánoia**) teórica da ação prática (*Ét. Nic.*, **VI**, 3).
- Ação oposta à atividade fabricadora (**poíesis**); é assim que a moral se distingue da arte (**tékhne**). *v. essa palavra*. Em *Política* (**I**, IV, 1-4), Aristóteles distingue o instrumento, que serve para produção (**poietikón**), e a propriedade, fonte da ação (**praktikón**).
- Metafisicamente, o agir (**práttein**) oposto ao sofrer (**páskhein**); *v*. **páthos** (Aristóteles, *Cat.*, IX).

proaíresis (he) / προαίρεσις (ἡ): livre escolha. Latim: *liberum arbitrium*.

Faculdade de escolher livremente.

Composto de **aírein**, pegar, e da preposição **pró**, adiante. Aristóteles observa que essa faculdade é mais elevada e específica do que a simples vontade (**boúlesis**). É exercida sobretudo na ordem moral (*Ét. Nic.*, **III**, II, 1-2).

A proérese, segundo diz Aristóteles, manifesta-se com as seguintes características: exige deliberação; logo, é exercida sobre aquilo que depende de nós; não tem em vista os fins, mas os meios. Assim, o homem é o princípio de seus atos (*ibid.*, **III**, III). Essa noção de ato mostra, ademais, que essa faculdade é própria da virtude ética, que se manifesta na ação, e não da virtude dianoética, que tem por exercício próprio a contemplação (*v*. **areté**). Essa doutrina foi retomada por Alexandre de Afrodísia (*Do destino*, XX). A proérese ganha assim importância capital para os estóicos. Diz Epicteto: "O bem do homem e também o seu mal estão situados no livre-arbítrio. E todo o resto nada é para nós" (*Leituras*, **I**, XXV, 1). Ora, o determinismo estóico faz que todos os acontecimentos sejam ditados uma vez por todas. A livre escolha consiste então em querer livremente aquilo que é inevitável (*ibid.*, **I**, XVIII, 8,

17, **II**, XXIII, 42; *Manual*, **XXX**, LIII, 1; Marco Aurélio, III, 6; V, 20;VIII, 56). Plotino atribui ao universo (**pân**) uma vontade livre, que é a soma das vontades singulares (**IV**, IV, 35).

prólepsis (he) / πρόληψις (ἡ): prenoção (noção inata).

Para os estóicos, incide essencialmente sobre o bem e o mal (Epicteto, *Leituras*, **II**, XI, 3). Para Epicuro, é um dos três critérios da verdade, com a sensação (**aísthesis**) e a paixão (**páthos**) (D.L., X, 31).

prónoia (he) / πρόνοια (ἡ): providência.
Latim: *providentia*.

Primeiro sentido: previdência, previsão. Depois, essa palavra ganha o sentido de *Providência divina*, que prevê nossas ações e lhes dá socorro.

Essa palavra é composta pelo radical **no**, encontrado na palavra **noûs** (= **no-os**): espírito; e pela preposição **pró**: *diante*, *adiante*, que se encontra em outras palavras de origem grega: problema, pródromo, prolegômenos, profeta. Em Sócrates, nos estóicos e em Plotino, a Divindade, estando além do tempo, conhece de antemão nossos pensamentos e nossas ações.

Sócrates tratava de loucos aqueles que negam a ação da Providência nos acontecimentos (Xenofonte, *Memorabilia*, **I**, I, 9); em seguida, desenvolve esse tema para mostrar como os deuses ordenaram a natureza para que ela provesse às nossas necessidades (*ibid.*, IV, 3-17). Três capítulos das *Leituras* de Epicteto (**I**, VI, XVI; **III**, XVII) são dedicados à Providência; em outro lugar, ele afirma que a primeira coisa que um filósofo deve saber é que existe um Deus que exerce sua Providência sobre o universo (**II**, XIV, 11). Por sua vez, Plotino se esforça por demonstrar, em dois tratados (**III**, II e III), contra a doutrina do acaso, prezada pelos epicuristas, que existem uma Providência universal e uma providência singular para cada um de nós. O próprio Sexto Empírico afirma a certeza de uma Providência divina (*Hipot.*, **III**, III, 2). Alexandre de Afrodísia, em seu tratado *Do destino* (XVIII), defende a Providência dos deuses.

prós ti / πρός τι: relação (exatamente: "relativamente a alguma coisa").

Uma das dez *categorias* de Aristóteles. Os seres relativos dependem de outros ou referem-se a eles (*Cat.*, VII); exemplos: o duplo em relação à metade, o cognoscível em relação ao conhecimento; o sensível em relação à sensação (*Met.*, Δ, 15).

psykhé (he) / ψυχή (ἡ): alma. Latim: *anima*.

Princípio, de natureza vital ou espiritual; mais habitualmente, das duas ao mesmo tempo; princípio que *anima* o corpo.

Esse corpo pode ser o universo; a alma é então a alma do mundo: **psykhé toû kósmou** / τοῦ κόσμου, ou **toû pantós** / τοῦ παντός.

A alma parece exclusivamente vital em vários fragmentos de Heráclito, em que se diz que ela nasce da água (fr. 36, 77) ou que seca (fr. 122). Mas em outro lugar se diz que ela contém o **Lógos**, ou seja, a razão universal (fr. 45). Encontram-se também os dois aspectos em Marco Aurélio: ele afirma, por um lado, que a alma é espiritual (**noerá** / νοερά) e, por outro, que ela é uma parte da Substância universal (XII, 30, 32).

De fato, a alma humana, para os principais autores, é composta de várias partes: uma material e mortal, fonte do conhecimento sensível; outra espiritual e imortal, fonte do conhecimento intelectual. Aécio escreve: "Pitágoras e Platão consideram que a alma está dividida em duas partes: uma dotada de razão e outra desprovida de razão" (**IV**, IV, 1). E acrescenta adiante que a alma racional é incorruptível, enquanto a outra é corruptível (*ibid.*, **IV**, VII, 5).

A realidade, aliás, é menos simples. Alexandre Poliístor (D.L., VIII, 30) informa que, "segundo Pitágoras, a alma humana se divide em três partes", às quais ele dá nomes fantasistas[1]. Mas, como acrescenta que só a primeira é imortal, mais vale referir-se de novo a Aécio, que esclarece, com mais exatidão, que a alma pitagórica é tripla, e a parte privada de razão compreende uma subparte afetiva (**thymikón** / θυμικόν) e uma subparte sensitiva (**epithymetikón** / ἐπιθυμητικόν). Mas então é preferível falar de faculdades mentais.

Encontra-se a mesma teoria em Platão. No *Timeu* (69c), ele mostra o Demiurgo formando duas almas para o homem: uma dotada de um princípio imortal e fadada a separar-se do corpo, e outra mortal, para animar o corpo. No entanto, em *República* (IV, 439a-441c), ele divide a alma em três partes; mas também toma como ponto de partida uma divisão bipartite: princípio racional (**lógos** / λόγος) e princípio irracional (**álogon** / ἄλογον); mas este último se desdobra em coração (**thymós**), que tem sede no peito e preside à vida afetiva, e sensibilidade (**epithymía**), que tem sede no ventre e preside à vida vegetativa. Platão depois (*Rep.*, IX, 580c-583a) estabelecerá uma correspondência dessas três partes da alma com as classes sociais: o povo, governado pela sensibilidade; os guerreiros, governados pela força; os dirigentes, governados pela razão.

Aristóteles adota o esquema bipartite (*Ét. Nic.*, **VI**, I): a alma humana compreende, por um lado, uma alma dotada de razão e, por outro, uma alma desprovida de razão. Em *De anima*, ele desdobra a alma irracional. De fato, define a alma como "aquilo pelo que vivemos, percebemos e pensamos" (*De an.*, II, 23, 414b). Três funções que só podem incumbir a três almas diferentes: uma alma vegetativa, que o homem tem em comum com os vegetais e os animais; uma alma sensitiva e motora, que tem em comum só com os animais; uma alma intelectual, alma que conhece e compreende, que é "o lugar das idéias" (*De an.*, III, 4), e só ele possui.

Plotino constata que a alma é ao mesmo tempo una e múltipla (**IV**, II, 2). Se falamos de partes da alma (**mére**, sing. **méros**), é em sentido totalmente analógico e sem semelhança com as partes do corpo (**IV**, III, 2). Nem sequer se pode dizer que a alma está no corpo, pois ela não é extensa (**IV**, III, 20). Feita essa advertência, Plotino acompanha seus predecessores; a alma é tripla: vegetativa, possibilita que o corpo se alimente e cresça; sensorial e apetitiva, possibilita a imaginação e a vida afetiva; relacional, "não tem nenhum contato com o corpo" e é sede do conhecimento superior (**IV**, III, 23), por isso se pode dizer que a alma humana é, de fato, de natureza inteligível e divina (**IV**, II, 1).

A filosofia da alma ensejou, na antiguidade, cinco grandes temas.

• *Faculdades da alma*. A noção de faculdade (**dýnamis** / δύναμις), de ordem psicológica, é, aliás, dependente da noção de *parte* (**méros**), que é de ordem metafísica, mas acentua as suas divisões. Em Pitágoras, para quem a realidade está sob o signo divino da Tétrade[2], ou *Tetractys* (**tetraktýs** / τετρακτύς), as faculdades são quatro: razão contemplativa (**noûs**), razão raciocinante (**epistéme**), opinião (**dóxa**), sensação (**aísthesis**). Mas, segundo Aresas de Lucânia[3], citado por Estobeu (*Écl.*, I, 2), a alma humana para Pitágoras compreende três faculdades: inteligência (**nóos**), coração (**thymós**) e sensibilidade (**epithymía**). Platão segue-o de perto; as duas grandes divisões da alma, racional e irracional, são fonte de duas faculdades: ciência (**epistéme**) e opinião (**dóxa**); por sua vez, a ciência comporta dois graus: razão intuitiva (**nóesis** / νόησις), que contempla as Essências, ou princípios eternos; e razão discursiva (**diánoia** / διάνοια), que tem por objeto as noções abstratas e os conceitos matemáticos; a opinião comporta também dois graus: conjectura (**eikasía** / εἰκασία), que tem por objeto as imagens do real sensível; e crença (**pístis** / πίστις), que tem por objeto as próprias realidades sensíveis.

Aristóteles esboçou várias escalas das faculdades mentais. Em *Ética nicomaquéia* (**VI**, II), apresenta três elementos necessários à busca da verdade, de baixo para cima: tendência (**órexis** / ὄρεξις), cuja dupla função é a busca do útil e a fuga ao nocivo; sensação (**aísthesis**), necessária à experiência; pensamento (**noûs**), que tem a função de afirmar e negar. Mais adiante (**VI**, III, 1), enumera as cinco espécies de atividade que têm fonte na alma: arte (**tékhne** / τέχνη), disposição racional para a fabricação; ciência (**epistéme**), disposição racional para a demonstração; *fronese*, habitualmente chamada prudência (**phrónesis** / φρόνησις), ou faculdade reflexiva da ação; inteligência (**noûs**), ou faculdade de conhecer os princípios; sabedoria (**sophía**), ou perfeição nos diversos gêneros de conhecimento. A lista varia ligeiramente no início da *Metafísica* (A, 1), em que a prudência é substituída pela experiência (**empeiría** / ἐμπειρία), conhecimento do individual obtido pela sensação e pela memória.

Os estóicos distinguem três faculdades mentais: atração (**órexis**), com seu negativo, a repulsão (**ékklisis** / ἔκκλισις), movimento da alma, positivo ou negativo, em relação às coisas sensíveis; inclinação (**hormé** / ὁρμή), com seu negativo, aversão (**aphormé** / ἀφορμή), ou movimento da alma, positivo ou negativo, em relação aos valores; assentimento (**synkatáthesis** / συγκατάθεσις) ou adesão íntima aos movimentos condizentes com a Natureza (Epicteto, *Manual*, **I**, 1, XXI, 4; XLVIII, 3; *Leituras*, **III**, II, 3; **III**, XXII, 43; **II**, XIV, 22; **IV**, I, 69-73; Marco Aurélio, VIII, 28; Cícero, *De officiis*, 28; *De finibus*, III, 7; *Lucullus*, 12). Segundo Diógenes Laércio (VII, 110), os estóicos atribuem oito faculdades à alma: os cinco sentidos (o que reduz as cinco primeiras a uma, a sensação), a palavra, a razão (**diánoia**) e o poder de engendrar (**gennetikón** / γεννητικόν), que não é precisamente mental.

• *Relações entre a alma e o corpo.* São difíceis de estabelecer, pois a mesma alma única é composta de uma parte essencialmente espiritual, que não tem vínculo com o corpo, e por uma parte essencialmente vital, que anima necessariamente o corpo. Assim, para os pitagóricos e para Platão, quando se diz que a alma está presa ao corpo e sofre a violência dele, trata-se exclusivamente da alma espiritual, visto que a outra cumpre a sua finalidade. É o famoso jogo de palavras pitagórico **sôma**, **sêma** / σῶμα, σῆμα, "o corpo é um túmulo", retomado por Platão (*Górgias*, 493a), que, evidentemente, vale para a primeira alma, e não para a segunda. Quando Árquitas afirma que a alma é autônoma (fr. 3c), evidentemente está falando dela. Quando Platão escreve que a alma é feita à imagem das Essências eternas, que é imortal, inteligível e indissolúvel (*Fédon*, 80b); quando a mostra, em seus vínculos com o corpo, aderente, entravada, cravada[4], quando define a morte como separação entre alma e corpo (*ibid.*, 64c), é sempre apenas à alma espiritual que se refere; a outra morre com o corpo.

Do mesmo modo, Aristóteles afirma que a alma precisa do corpo para sofrer as sensações e as paixões; logo, trata-se no caso da alma vital. Pois, corrigindo-se, ele constata que é próprio da alma pensar; mas então se trata da outra; e é em relação a esta que ele pode afirmar: "Se existir uma função ou uma afeição da alma que lhe seja própria [em conformidade com sua natureza], ela poderá possuir uma existência separada do corpo" (*De an.*, I, 1). Mais adiante (II, 1), distingue as partes da alma que são inseparáveis do corpo e as que são separáveis. Assim, é perfeitamente autônomo o sábio que se dedica à vida contemplativa por essa razão estranha ao corpo; é um ser divino (*Ét. Nic.*, **X**, VII, 4; **IX**, IV, 4).

- *Origem e destino da alma.* Para os pitagóricos, a alma (espiritual) é um fragmento da alma universal que anima a Natureza (Cícero, *De nat. deor.*, I, 11[5]). Para Heráclito, de um ponto de vista completamente materialista, a alma nasce da água (fr. 12, 36). Para Platão, foi o Demiurgo, deus criador, ou melhor, Artífice divino, que modelou as almas (*Timeu*, 41e-42a). Aristóteles diz, sem mais explicações, que a alma dianoética, ou seja, espiritual, "sobrevém de fora" (*De gen. an.*, 736b). Para os estóicos, a alma é um fragmento da alma do mundo, "um sopro posto em nós pela Natureza quando nascemos" (D.L., VII, 156); e, como o Mundo é Deus, "nossas almas estão estreitamente unidas a Deus como suas partes e seus fragmentos" (Epicteto, *Leituras*, **I**, XIV, 6). Para o materialismo de Epicuro, a alma humana é um corpo sutilíssimo, fator de sensibilidade, que aparece junto com o corpo e se desagrega quando ele morre (D.L., X, 63-65). Plotino faz a seguinte pergunta: "Visto que os seres inteligíveis estão separados (do corpo), como a alma entra no corpo?" E dá uma resposta alambicada, que pode ser assim resumida: a alma hipostática, em sua tendência a produzir uma ordem em conformidade com a ordem que ela contempla no **Noûs**, produz no corpo humano uma emanação de si mesma iluminada pela inteligência (**IV**, VII, 13).

O que acontece com a alma espiritual quando o corpo morre? Para Ferecides, a alma é imortal (Lactâncio, *Instituições divinas*, VII, 7), mas ignoramos o que ocorre com ela quando sai do corpo. Para os pitagóricos, a alma sobrevive ao corpo devido à sua incorruptibilidade; encontram-se então duas doutrinas diferentes; uma, mais metafísica: ela volta ao cosmos, onde vive vida incorpórea; a outra, herdeira de orfismo: ela passa para outro corpo e começa um ciclo indefinido de transmigrações (D.L., VIII, 14; Hipólito, *Contra as heresias*, I, prol.; São João Crisóstomo, *Homilias sobre São João*, II, 3). Também aí, Platão se mostra fiel discípulo dos pitagóricos, mas vincula o destino da alma a um sistema moral: a alma que se tenha purificado inteiramente aqui na terra pelo exercício da **kátharsis** volta ao mundo inteligível de onde saiu (*Fédon*, 80d, 81a; *Timeu*, 69c). Se ela estiver insuficientemente purificada, obedecerá às leis da transmigração: para os virtuosos que não praticaram a filosofia, reencarnação em corpos de pessoas honestas, ou mesmo de formigas ou abelhas; para os malvados, em corpos de falcões, lobos e aves de rapina (*ibid.*, 81e-82b). É aí que se pode verificar a confusão de Platão entre os dois tipos de alma: como a alma espiritual, única que escapa à morte, pode habitar corpos de animais?

Acerca da sobrevida, Aristóteles faz duas afirmações inconciliáveis: por um lado, a alma dianoética, o espírito, subsiste depois da morte, pois é imortal e independente do corpo (*De an.*, III, 430a); por outro lado, a alma não tem acesso à beatitude eterna: "A morte é o termo além do qual já não existe bem nem mal" (*Ét. Nic.*, **III**, VI, 6). Para os estóicos, a alma individual, oriunda da alma universal, volta a esta com a morte do corpo: ambos se dissolvem no Todo (Marco Aurélio, IV, 14; V, 13). Plotino adota a doutrina de Platão: "Para onde vai a alma quando sai do corpo? [...] Vai-se (para o Mundo Inteligível) [...] a menos que tome outro corpo [...]" (**IV**, III, 24).

• *A alma do mundo*. É um conceito universal na antiguidade. "Pitágoras acreditava que existe uma alma contida por inteiro na Natureza, [...] da qual nossas próprias almas são fragmentos" (Cícero, *De nat. deor.*, I, 11). É ao governo interno dessa alma que Filolau atribui a eternidade do mundo (Estobeu, *Écl.*, XX, 2). O Pseudo-Timeu, neopitagórico, teria publicado um *Tratado da alma do mundo*. Em seu materialismo, Diógenes de Apolônia a identifica ao ar (fr. 5). Platão mostra o Demiurgo criando a alma do mundo, que constituiu o céu circular; aliás, ela era anterior ao corpo do mundo e o envolveu, penetrou, introduzindo nele a harmonia (*Timeu*, 34b-36e). "Ela é invisível, mas, participando do cálculo e da harmonia, é a mais bela das realidades engendradas pelo melhor dos seres inteligíveis" (*ibid.*, 37a). Para os estóicos, o universo racional é regido por uma alma imperecível (D.L., VII, 156; Marco Aurélio, VI, 14; VIII, 7). Plotino não dedica um tratado a uma realidade tão importante, mas ela está presente em toda a sua obra; ele, aliás, lhe dá diversos nomes: **psykhé kósmou** (**I**, II, 1); **psykhé hólou** (**II**, II, 2); **psykhé pántos** (**IV**, IV, 10, 13); **psykhé pâsa**[6] / πᾶσα (**III**, IX, 3). Aliás, ele faz dela uma cópia da alma em si (**autopsykhé**), que tem sede no Espírito (**Noûs**) (**V**, IX, 14).

• *A alma hipóstase*. É um conceito peculiar a Plotino. Não é a alma do mundo; como Realidade espiritual absoluta, ela procede do **Noûs**, que é a segunda hipóstase e, assim, se situa metafisicamente entre esse Espírito absoluto e a matéria, entre o Mundo inteligível e o mundo sensível. É dela que participa a alma humana (V, 1; **IV**, V, VI; **III**, IV etc.).

1. Espírito (*noûs*), pensamento (*phrén*), coração (*thymós*).
2. O princípio da Tétrade, para os pitagóricos, rege a realidade: há quatro tipos de espíritos (deuses, demônios, heróis glorificados e almas humanas), quatro elementos, que formam o mundo sensível, quatro medidas que definem os corpos (ponto, linha, superfície, volume), quatro estações, quatro idades da vida, quatro virtudes cardeais (que Platão herdará). A Década aritmética nada mais é que a Tétrade, pois a soma dos quatro primeiros algarismos (a unidade, o primeiro par, o primeiro ímpar, o primeiro quadrado) é igual a 10.
3. Era o quinto sucessor de Pitágoras à frente da escola de Crotona (Jâmblico, *Vida de Pitágoras*, 266).
4. *Fédon*, 82e, 67d, 65a, 83c.
5. Pode-se citar também Heráclides do Ponto (século IV): "viemos para esta vida de outra vida e de outra natureza" (Cícero, *Tusc.*, V, 9).
6. Feminino do adjetivo *pâs*, cujo neutro é *pân*.

rhetoriké (he) / ῥητορική (ἡ): retórica.

Platão dedica-lhe *Górgias*: arte dos discursos (450c), da persuasão (453a), não é, afinal, uma arte (462b-c), mas é para a alma aquilo que a cozinha é para o corpo (465d). Aristóteles escreveu uma *Retórica*, que é "a potência (**dýnamis**) de considerar em cada sujeito aquilo que nele há de apropriado à persuasão" (**I**, II, 1).

skeptikós (ho) / σκεπτικός (ὁ): cético. Latim: *scepticus*.

Adjetivo: cético, que duvida; substantivo: o cético, membro de uma escola filosófica criada por Pírron de Élida (365-275 a.C.), que baseava seu sistema na dúvida.

O *ceticismo*, sistema dos céticos, é uma palavra que data do século XVIII. Mas o próprio sistema e a escola que o adotou foram constituídos no século IV a.C.; seus adeptos diziam-se **skeptikoí**, partidários da dúvida, mais exatamente da dúvida absoluta e universal, em oposição aos dogmáticos, que professam a certeza da verdade. Essa designação vem do verbo **sképtomai**, no sentido lato: considerar, inspecionar, refletir; esse verbo deriva de **skopô**, com o mesmo sentido. Entre os substantivos compostos: **epískopos**, *inspetor* e, depois, *bispo*.

Diógenes Laércio escreve (IX, 74): "Os filósofos céticos tinham o costume de destruir as doutrinas das outras escolas, mas não estabeleciam nenhuma." Assim, empregavam os recursos da razão para negar o poder da razão. Pírron parece não ter escrito nada, mas simplesmente transmitido suas teorias aos discípulos; destes, os mais célebres foram Tímon (*Sobre as imagens*, *Sobre as sensações*) e Enesidemo (*Sobre Pírron*, *Contra a sabedoria*). Dessas obras, restam apenas fragmentos. Por outro lado, ainda temos a obra de um dos últimos adeptos, Sexto Empírico, que expõe sistematicamente, no século III de nossa era, a doutrina da seita em duas grandes obras: *Contra os matemáticos*, ou seja, aqueles que ensinam (*v.* **máthema**), em onze livros; e *Hipotiposes pirronianas*: a **hypotýposis** era uma imagem, um esboço, uma descrição. É uma exposição hábil do ensinamento de Pírron e de seus discípulos, bem como uma contribuição importante para o conhecimento de todas as doutrinas que ele chama de *dogmáticas* e tenta demolir.

skhêma (tó) / σχῆμα (τό): figura.

Em lógica: designa as diferentes figuras de silogismos (Aristóteles, *Anal. Pr.*, I, 23-24).

sôma (tó) / σῶμα (τό): corpo. Latim: *corpus*. Plural: *sômata* (*tá*). Latim: *corpora*.

Realidade sensível (**tò aisthetón**) oposta à realidade inteligível (**tò noetón**).

Deve-se distinguir o corpo humano (habitualmente no singular), o corpo do mundo (tomado em seu Todo) e os corpos do mundo sensível (habitualmente no plural). Entre estes, os corpos simples (**haplâ** / ἁπλᾶ), que são primeiros (**prôta**), e os corpos compostos (**sýntheta** ou **miktá**), que são segundos.

• *No singular.* **a.** *O corpo humano.* Os pitagóricos construíram toda uma antropologia das relações entre alma e corpo. A alma é independente do corpo porque autônoma (Árquitas, fr. 3c); se está neste mundo unida a um corpo, é "como punição de certas faltas" (Filolau, fr. 23d); no entanto, "a alma gosta de seu corpo, porque sem ele não pode sentir" (*ibid.*, fr. 23a). Mas, como essa união é antinatural, o corpo é um túmulo para a alma (Platão, *Górgias*, 493a); por isso, o filósofo é aquele que, pelo exercício espiritual, consegue escapar ao corpo (Pitágoras, *Palavras de ouro*, 70). A mesma doutrina está em Platão: é pela violência que a alma está *presa* ao corpo (*Fédon*, 81e; *Timeu*, 44a); ela está amarrada (*Fédon*, 82c), acorrentada (*ibid.*, 83b), colada (*ibid.*, 82e), pregada (*ibid.*, 83c). A filosofia consiste em desligar a alma do corpo (*ibid.*, 67d, 82d, 83a-b); a morte é, finalmente, a separação (**apallagé** / ἀπαλαγή) entre alma e corpo (*ibid.*, 64c); então, a alma do filósofo, liberta do corpo, "vai-se em direção ao que é divino" (*ibid.*, 81a). A mesma filiação se observa quanto à transmigração das almas: segundo Pitágoras, "a alma passa de um corpo ao outro segundo leis definidas" (Hipólito, *Philosophoumena*,

I, Prol.). Platão atribui essa doutrina a "uma antiga tradição" (*Fédon*, 70c), que ele adota (*ibid.*, 81e-82b).

Para Aristóteles, o corpo forma uma substância única com a alma; a alma é então entelequia (**entelékheia**) do corpo (*De an.*, III, 1); assim, "a alma não é separável do corpo" (*ibid.*), pois é para ele "causa e princípio": **aitía kaì arkhé**. Para Epicuro, a sabedoria está no prazer, que para o corpo consiste em não sofrer e, para a alma, em não ser perturbada (*Carta a Meneceu*, in D.L., X, 131). Para o materialismo estóico, a alma é um corpo (Sexto Empírico, *Adv. math.*, VII, 38). Plotino escreveu um tratado sobre *A descida da alma ao corpo* (**IV**, VIII), que começa com esta frase: "Freqüentemente, acordo escapando de meu corpo." Adota a transmigração (**VI**, IV, 15).

b. *O corpo do Mundo.* Para Melisso, "se o Uno existe, não tem corpo" (Simplício, *Física*, 109). Para Platão, o mundo é um corpo inteiramente penetrado por uma alma (*Timeu*, 34b, 36c). Para os estóicos, o Universo é um grande corpo (Sexto Empírico, *Adv. math.*, VIII, 10). Plotino diz: "O corpo do Universo tem ações e paixões" (**VI**, V, 10).

• *No plural.* Platão chama de *corpos* os quatro elementos tradicionais: fogo, terra, água, ar (*Timeu*, 53c-e). Aristóteles define como um corpo "aquilo que é limitado por uma superfície" (*Fís.*, III, 5, 204b). Mais adiante (VIII, 9), distingue dois tipos de corpo: os corpos primeiros (**prôta** / πρῶτα), que são indivisíveis (**átoma** / ἄτομα), e aqueles que são oriundos da composição destes. Em *De gen. et corrup.*, defende a tese de que os corpos não são divisíveis indefinidamente (II), mostra que é nos corpos que ocorre a alteração (**alloíosis**) (IV), assim como, aliás, o aumento e a diminuição (V). Em *De anima* (II, 1), ele distingue entre os corpos naturais (ou primeiros) aqueles que têm vida e aqueles que não a têm. Em *De caelo*, apresenta os corpos como partes do universo (I, 1), e esses corpos naturais são todos móveis (I, 2); e retoma a dupla noção de corpo simples (**haploûn** / ἁπλοῦν) e de corpo composto (**sýntheton** / σύνθετον) (I, 5). A mesma distinção está em Epicuro (*Epístola a Heródoto*, D.L., VII, 141). Para Plotino, os corpos extraídos da matéria por uma operação formal são definidos, mas sem vida nem inteligência (**II**, IV, 5).

sophía (he) / σοφία (ἡ): sabedoria. Latim: *sapientia*.

O sábio (**sophós**) é o homem que se dedica à investigação individual dos mistérios do mundo e de sua própria conduta. Parece que, na origem do pensamento grego, essa espécie de homem era pouco numerosa, pois as gerações seguintes catalogam sete exemplares deles.

Sophós / σοφός significava primeiramente *hábil* e era um simples qualificativo; depois passou ao *status* de substantivo e adquiriu significado intelectual, no qual se associavam saber e nomeada.

Encontramos **sophía** em Anaxágoras: em um de seus fragmentos (21b), ele considera que a superioridade do homem sobre o animal se deve ao uso da sabedoria e da técnica. Heráclito emprega as palavras *sábio* e *sabedoria* em sentido intelectual: a sabedoria consiste "em conhecer o pensamento que governa o Todo" (fr. 41), portanto em admitir a unidade do Todo (fr. 50). Com Sócrates, a palavra *sophía* assume sentido bem preciso: é o saber adquirido por experiência, em oposição ao saber livresco (Xenofonte, *Mem.*, III, 4-5).

Com Platão, a sabedoria é a virtude própria à razão, que destina à direção do Estado (*Rep.*, 586-587, 589-592). Com Aristóteles, "A sabedoria é uma ciência que tem por objeto certas causas e certos princípios" (*Met.*, A, 1, 982a). Trata-se de uma noção superlativa: o sábio é aquele que, por um lado, possui um saber mais extenso que os outros e, por outro, é capaz de conhecer coisas dificilmente acessíveis ao homem (*Met.*, A, 2). Assim, "aquilo que os gregos chamam de *sabedoria* é o que há de mais elevado no conjunto das ciências" (*Ét. Nic.*, **X**, VII, 2).

Com as escolas helenísticas, volta-se à concepção mais prática. Para Epicuro, "o sábio não teme a morte, a vida não lhe é um fardo, e ele considera que não é um mal deixar de viver" (D.L., X, 126). Para os estóicos, o sábio, ideal da humanidade, é o homem liberto das paixões, insensível à glória, ao prazer e à dor: ele é divino (D.L.,VII, 117, 119). Plotino retoma a noção aristotélica: a sabedoria consiste "na contemplação dos seres que o Espírito possui" (**I**, II, 6).

Na realidade, os famosos sete Sábios dos primórdios do pensamento grego foram onze, pois à primeira lista típica foram acrescentados outros nomes. Os sete originais são Tales de Mileto, Sólon de Atenas, Quílon de Esparta, Pítaco de Mitilene, Bias de Priena, Cleóbulo de Lindo, Periandro de Corinto (D.L., I, 22-100). Outros acrescentam o cita Anacársis, Míson, o Lacedemônio, Epimênides, o Cretense, Ferecides de Siros, que teria sido o mestre de Pitágoras. Hermipo enumera até dezessete, "pois cada um escolhe sete segundo sua preferência" (D.L., I, 42). Assim, além dos precedentes, enumera: Acousilau, Leofante, Aristodemo, Pitágoras, Laso, Hermoneu, Anaxágoras; mas omite Míson.

sophistés (ho) / σοφιστής (ὁ): sofista. Latim: *sophistes.*

Esse termo, derivado de ***sophós***, sábio, designa como este, na origem, um homem hábil. Mas, ao contrário de sábio, que adquiriu sentido laudatório, a palavra sofista passará a ter no século V significado pejorativo, devido aos abusos dos pensadores que receberam esse nome: Górgias, Protágoras, Hípias, Pródico, Trasímaco, Polos, Eutidemo, Dionisodoro.

Antes de Platão, **sophistés** freqüentemente quer dizer **sophós** (Tímon de Flionte, *Silos*, 1). Até o século V, o sofista profissional era um homem muito bem-visto na Grécia. Fazia parte da vida pública e constituía um elemento muitíssimo apreciado da cultura popular. No início, era apenas um orador; peregrinava pelas cidades em dias de festa e recitava perante o público trechos de eloqüência sobre assuntos variados. Depois, tornou-se professor de retórica e propunha-se ensinar a arte de falar. Por fim, como essa arte é própria daqueles que querem defender uma causa – advogados e, sobretudo, políticos –, o sofista tornou-se mestre da habilidade: a instrução que passou a dar deixou de ser estética para tornar-se utilitária: aptidão e receitas para ter sucesso nos negócios públicos.

Ora, o discurso subordinado ao sucesso já não é conduzido pelas leis da verdade, mas pelas do interesse. Sofista tornou-se sinônimo de arrivista: relativista nos fins, inescrupuloso nos meios e tortuoso na argumentação.

Platão atacou de frente essa corporação. No diálogo que tem, precisamente, o título *O sofista*, buscando definir esse tipo de charlatão intelectual, ele apresenta uma série de definições pitorescas e pouco amenas, como "o sofista é um caçador interesseiro de jovens ricos" (223 a, b), "O sofista é um fabricante de saber que vende sua própria mercadoria" (224c, 231d).

Mais didático que polêmico, Aristóteles organizará num tratado os tipos de raciocínio empregados pelos sofistas, com o fim de refutá-los. Essa será a matéria do último livro do *Organon*, **Sophistikoì élenkhoi** (Σοφιστικοὶ ἔλεγχοι).

sophrosýne (he) / σωφροσύνη (ἡ): temperança. Latim: *temperantia*.

Virtude que consiste em regrar os desejos e as paixões.

Derivado de **sóphron** / σώφρων, sábio prudente, atilado, esse termo indica certa arte de dirigir sua própria conduta.

Xenofonte, descrevendo a conduta de Sócrates, usa esse termo no sentido de *sabedoria* (*Mem.*, **I**, II, 21); quando fala da temperança, emprega o termo **enkráteia** / ἐγκράτεια (*ibid.*, **IV**, V, 1-2). Platão entende por **sophrosýne** temperança; faz dela uma das quatro principais virtudes; ela regra a **epithymía**, ou seja, o desejo (*Rep.*, IX, 591c-d); *v.* **areté**. Aristóteles usa o termo no mesmo sentido; é ela o meio-termo entre a insensibilidade e a devassidão (*Ét. Nic.*, **II**, VII, 3). Em seguida, trata do assunto mais demoradamente quando faz o inventário das virtudes (*ibid.*, **III**, X-XII; *Ét. Eud.*, **II**, II, **VI**, I; *Eth. Mag.*, **II**, IV-VI). Em Zenão de Cício, ela é também uma das quatro virtudes principais (Plutarco, *Contradições dos estóicos*, VII; D.L., VII, 92). Em seu tratado *Do amor* (**Perì érotos**), Plotino atribui dois níveis à **sophrosýne**-temperança: aquela que regra a prática do amor físico para a reprodução e aquela que regra a admiração estética pelos belos corpos (**III**, V, 1).

spélaion (tó) / σπήλαιον (τό): caverna. Latim: *spelunca*.

Alegoria criada por Platão no início do livro VII da *República* (514a-518b) para representar a condição humana e a missão do filósofo.

A caverna representa o mundo sensível, lugar dos corpos nos quais se encarnaram as almas depois da queda do mundo inteligível. A penumbra na qual eles estão mergulhados é a penumbra do conhecimento obscuro, do qual as almas só conseguirão libertar-se pela purificação (**kátharsis**) e pela dialética (**dialektiké**), para obter o conhecimento inteligível, representado pela luz solar.

Pode-se resumir assim a alegoria da caverna:

Alegoria	Significado
Os homens, desde o nascimento, estão acorrentados numa morada subterrânea.	Os homens, desde a encarnação, estão mergulhados na penumbra do corpo.
Das realidades exteriores, às quais dão as costas, eles só conhecem a projeção das sombras na parede.	Eles só conhecem as verdadeiras Realidades eternas pelo mundo sensível, que é sombra do mundo real (**dóxa**).
O prisioneiro liberto é incapaz de se mover no mundo real; fica ofuscado e não pode distinguir os verdadeiros objetos.	A libertação da alma é difícil e dolorosa: nos primeiros graus da **kátharsis**, não é possível conhecer as Essências.
Os prisioneiros arrastados para fora revoltam-se e preferem voltar para a caverna.	Devido a essa dificuldade, a maioria dos homens rejeita a filosofia.
Se eles quiserem realmente ver o mundo superior, precisarão proceder de modo sistemático: ver primeiramente as sombras dos homens e suas imagens na água, para depois ver os objetos. Em seguida, verão à noite a lua e as estrelas e, finalmente, o próprio sol.	Se quiserem realmente ver o mundo superior, precisarão passar pela *dialética*: primeiramente, a conjectura (**eikasía**), depois a percepção (**pístis**), em seguida o conhecimento das Essências (**eíde**) e por fim o conhecimento do próprio Bem (**Agathón**).

Então, eles ficam sabendo que é o sol que governa o mundo sensível, e que ele também era a causa das sombras na parede.

Aquele que, habituado à visão do sol, volta à caverna, fica com os olhos feridos pela visão.

Apesar disso, retorna, por piedade pelos companheiros de outrora.

Mas estes zombam de sua atitude desprendida e se recusam a segui-lo para o alto. Sentem até mesmo ódio por ele e procuram matá-lo.

Então, o filósofo vê que o Bem é a causa das Essências, assim como do mundo sensível.

O filósofo só sente indiferença pelo mundo sensível e por seus prazeres: nele só encontra incômodo e desagrado.

No entanto, ele se mistura aos homens para trazer-lhes a verdade.

Mas estes não reconhecem sua santidade e se negam à conversão. Preferem livrar-se dele definitivamente, como ocorreu com Sócrates.

stásis (he) / στάσις (ἡ): repouso.

Derivado do verbo **hístemi** / ἵστημι: *ponho, coloco*. Esse termo indica imobilidade, permanência, continuidade. Opõe-se a **kínesis** / κίνησις, *movimento*.

Metafisicamente, **stásis** marca a permanência daquilo que é eterno, ao contrário da mudança própria àquilo que é temporal. Contudo, não é o único termo que os filósofos opõem a **kínesis**. Encontram-se:

– Entre os pitagóricos: **tò eremoûn** / τὸ ἠρεμοῦν[1] (Aristóteles, *Met.*, A, 5).
– Em Parmênides: **xynekhés** / ξυνεχές (arcaico) e **akíneton** / ἀκίνητον (fr. VIII, 25, 26).
– Em Aristóteles: **akíneton** (*Fís.*, V, 1-2)
synekhés / συνεχές (*Fís.*, VI, 1) e **eremía** / ἠρεμία (*Fís.*, VIII, 3, 8).

No *Sofista* (248d-252a; 254b-255b), Platão faz do repouso e do movimento duas essências genéricas que, opondo-se uma à outra, estabelecem a existência de um não-ser por alteridade. O repouso (primeiramente **akíneton** e depois **stásis**) é apresentado aí como o caráter dos seres sem mudança. Plotino (**VI**, III, 27) propõe qualificar diferentemente os seres sem mudança: dar o nome de **stásis** aos seres inteligíveis e de **eremía** aos seres sensíveis. Em outro lugar (**III,VII, 2**), ele atribui o repouso à eternidade (**aión** / αἰών) e o movimento ao tempo (**khrónos** / χρόνος).

1. Do verbo eremô / ἠρεμῶ, estou tranqüilo. Encontra-se essa palavra também em Platão (*Sofista*, 248e).

stéresis (he) / στέρησις (ἡ): privação. Latim: *privatio*.

Termo introduzido por Aristóteles. Um dos três princípios (*v.* **arkhé**) dos seres naturais, com a matéria (**hýle**) e a forma (**morphé**) (*Fís.*, I, 7, 190b); ela é a essência do indeterminado (**tò aóriston** / τὸ ἀόριστον) (*ibid.*, III, 2); o repouso (**eremía**) é a privação do movimento (VIII, 8). Em resumo, "diz-se que há privação quando um ser não tem um dos atributos que é natural ele possuir" (*Met.*, Δ, 22). Adotado por Plotino: o mal é a privação do bem (**I,VIII**, 11). A matéria é privação (**II**, IV, 13), o não-ser é privação (**II**, IV, 14). Em lógica, a privação, oposta à posse (**héxis**), é um dos modos da oposição (Aristóteles, *Cat.*, X).

stoikheîa (tá) / στοιχεῖα (τά): elementos. Latim: *elementa*.

Componentes simples do mundo sensível. É o plural da palavra neutra **tò stoikheîon** (τὸ στοιχεῖον), raramente empregada sozinha, pois o real se apresenta como uma coabitação dos elementos simples que o compõem. Aristóteles define o elemento como: "Um primeiro componente de um ser, que lhe é imanente e é indivisível em outras espécies" (*Met.*, Δ, 3).

Na história do pensamento grego, os elementos primeiros do mundo apresentam-se invariavelmente como quatro: água: **tò hýdor** (τὸ ὕδωρ); ar: **ho aér** (ὁ ἀήρ); terra: **he gê** (ἡ γῆ); fogo: **tò pŷr** (τὸ πῦρ).

Essa quadrilogia já aparece em Pitágoras e é adotada por Platão, que a transmite a Aristóteles, no que este é seguido, de um lado, pelos pensadores latinos (encabeçados por Cícero) e, por outro, pelos pensadores medievais, primeiramente muçulmanos e depois cristãos. Devido à autoridade de Santo Tomás de Aquino, essa teoria subsiste fielmente até o fim do século XVIII. Serão necessárias as obras de Lavoisier († 1794) e depois de Dalton († 1844) para chegar à definição e à nomenclatura dos corpos simples que compõem o universo.

A teoria dos quatro elementos certamente é de importação egípcia. Num hino encontrado no templo de El Khargheh, dirigido à Divindade universal, canta-se: "És a terra, és o fogo, és a água, és o ar." Pitágoras, que passara algum tempo em Heliópolis do Egito, ensinou-a em Crotona (D.L., VIII, 25). Depois, foi adotada por seus discípulos, especialmente por Filolau (fr. 6) e Xenófanes (IX, 18). Heráclito atribui aos quatro elementos uma evolução cíclica: "A vida do fogo nasce da morte da terra; a vida do ar nasce da morte do fogo; a vida da água nasce da morte do ar; a terra nasce da morte da água" (fr. 76). Para Empédocles, os quatro elementos originaram-se de uma Unidade primitiva, o Uno (**Hén** / ἕν), mas ele não se digna explicar a natureza deste: "Do Uno surge o múltiplo: o fogo, a água, a terra e o ar" (XVII, 18). Quando Demócrito explica como os átomos indiferenciados (*ápeira* / ἄπειρα), levados por um turbilhão, deram origem a quatro corpos, denomina-os fogo, ar, água, terra (D.L., IX, 44).

Platão assume essa herança. É verdade que ele ironiza os tagarelas que ora fundamentam seres múltiplos em um e extraem de um o múltiplo, ora dividem o real em elementos (*Sofista*, 252b), mas em outro lugar fala seriamente dos "elementos do universo" (*Timeu*, 48b; *Pol.*, 278d). Em *Filebo* (29a), ele se limita a afirmar que o universo resulta da composição de quatro corpos: fogo, água, ar, terra. Mas em *Timeu*, além de repetir várias vezes essa asserção (42a, 46d, 48b, 51a, 53c, 55e), dedica-se a vôos da imaginação; para constituir o mundo, o Demiurgo tomou de início o fogo e a terra; mas, para uni-los, precisou do ar e da água; e Platão chega a estabelecer relações (32b):

$$\frac{fogo}{ar} = \frac{ar}{água} = \frac{água}{terra}$$

Além disso, os mesmos elementos servem para a constituição específica dos corpos geométricos: a terra para o cubo; o fogo para a pirâmide; a água para o isocaedro; o ar para o octaedro (55d-56b). No entanto, em *Leis* (X, 891c-d), Platão pede a seu discípulo que tome cuidado com a relatividade dos quatro elementos: eles não são primeiros no universo, porque precedidos pela alma.

Aristóteles, no livro Δ (3) da *Metafísica*, que é seu léxico filosófico, dedica um comentário ao termo **stoikheîon**. Lembra (*Met.*, A, 3) que Empédocles contava como elementos "os quatro corpos simples". Mas amplia a atribuição do termo: em Leucipo e Demócrito, os elementos são o pleno e o vácuo; em Pitágoras, o Par e o Ímpar (A, 5). Em seu tratado *Do céu*, Aristóteles acrescenta um quinto elemento, o éter (αἰθήρ), elemento do céu e dos astros. Dedica o livro II do *De generatione et corruptione* à crítica da concepção dos elementos em seus predecessores.

Os estóicos adotam os quatro elementos, cuja reunião "forma uma substância sem qualidade, que é a matéria. O fogo é quente, a água é úmida, o ar é frio, a terra é seca" (D.L., VII, 137).

Os pré-socráticos jônios, anteriores a Pitágoras, que não são influenciados pelo Egito, mas sim pela Mesopotâmia e pela Fenícia, põem na origem do mundo um elemento único, que é um *princípio* (**arkhé**). Materno, autor do século IV de nossa era, tenta encontrar, mas sem sucesso, a origem dos quatro elementos nos diversos povos do Oriente: entre os egípcios, a água; entre os frígios, a terra; entre os assírios, o ar; entre os persas, o fogo (*De errore profanarum religionum*, I, 4).

Outro sentido de **stoikheîon**: sílaba, elemento da palavra e da elocução, som indivisível: aquilo que hoje chamamos de *fonema* (Aristóteles, *Poét.*, XX).

syllogismós (ho) / συλλογισμός (ό): silogismo.

Lógica. É o protótipo do raciocínio dedutivo, cujas regras Aristóteles define em *Primeiros analíticos* (I) e, com mais brevidade, em *Tópicos* (I, 1).

symbebekós (tó) / συμβεβηκός (τό): acidente.
Latim: *accidens*.

A substância é aquilo que existe *em si*, sem precisar de outra coisa para existir. O acidente é aquilo que existe na substância, sem poder ser dela separado. Em "maçã verde", maçã, substância, continua maçã mesmo mudando de cor; verde, acidente, não pode ser dela separado: desaparece modificando a qualidade da maçã, mas sem mudar a sua realidade.

Derivado do verbo **symbaíno** / συμβαίνω: chego, sobrevenho; **tà symbánta** / τὰ συμβάντα: acontecimentos. Esse termo foi introduzido na filosofia por Aristóteles, que faz dele uma supracategoria; as *categorias* compreendem a substância e nove acidentes; *v.* **kategoría**. Esse termo depois entrou na lógica. Porfírio o define como "aquilo que chega e desaparece sem provocar a destruição da substância". E distingue dois tipos: o separável da substância (dormir), ou o inseparável (cor preta do corvo) (*Isagoge*, XII).

Em *Metafísica* (Δ, 30), Aristóteles define o acidente como: "Aquilo que pertence a um ser e pode ser afirmado dele verazmente, mas não lhe é necessário nem constante." Percebe-se que esta última especificação restringe sua definição, pois para Porfírio um acidente pode ser inseparável da substância; mais adiante (E, 2), ele opõe o Ser *absolutamente* (**haplôs**), que é objeto de ciência, e o ser por acidente (**katà symbebekós**), que escapa à ciência; de fato, as substâncias permanecem sempre no mesmo estado, sendo portanto seres necessários; ao passo que o acidente é imprevisível; sua causa é o *acaso* (**týkhe** / τύχη) (*ibid.*, E, 3). A mesma análise é feita adiante (K, 8). Também em *Física* (II, 5), os fatos acidentais têm como causa o acaso. Em *Tópicos* (II, 1), Aristóteles mostra como é difícil não incluir o acidente nas proposições universais.

Plotino opõe a substância, que é o ser tomado absolutamente (**haplôs**), ao acidente, que é o ser por participação (**metálepsis**) e num sentido segundo (**deúteros**) (**VI**, III, 6). Do ponto de vista lógico, Porfírio define o acidente como:

"Aquilo que não é gênero, diferença, espécie nem próprio[1], mas está sempre subsistente num sujeito" (*Isagoge*, XIII).

1. *V.* **kategoría**.

tékhne (he) / τέχνη (ἡ): arte. Latim: *ars*.

Atividade humana que, em vez de se dobrar às leis da Natureza, permite que o homem aja segundo sua própria natureza.

No entanto, a palavra **tékhne** traduz duas espécies muito diferentes de atividade.

• Transformação da natureza para dela extrair uma obra: é o que chamamos de belas-artes. Nesse caso, mesmo se opondo à Natureza, a arte é uma imitação da Natureza: essa será a teoria clássica que prevalecerá até o romantismo (exclusivamente). Esse é o argumento em que Platão se baseia para condenar a arte: pintura e poesia só imitam, sem poder criar; são artes de ilusão (*Rep.*, X, 602c-604a).

O mesmo ocorre em Aristóteles. Por um lado, ele opõe arte e Natureza; há duas espécies de ser: os que são por natureza (**phýsei** / φύσει) – animais, plantas e corpos simples; e os que são produzidos pela arte (**apò tékhnes** / ἀπὸ τέχνης) (*Fís.*, II, 1, 192b). Por outro lado, ele define a arte como imitação da Natureza: **he tékhne mimeîtai tèn phýsin** / ἡ τέχνη μιμεῖται τὴν φύσιν) (*Fís.*, II, 2, 194a).

• A aplicação de um conhecimento geral a casos singulares. Em Platão, a virtude é aliança de ciência (**epistéme**) e arte (*Íon*, 532c-e; *Protágoras*, 357b-c); o ofício é a aplicação de um conhecimento geral a casos concretos: é o que ocorre com o piloto e o médico (*Rep.*, I, 341d-342e). Em Aristóteles, "nasce a arte quando um único juízo universal, aplicável a todos os casos semelhantes, é formado de uma multidão de noções adquiridas por experiência" (*Met.*, A, 1, 981a).

De fato, em cada um desses dois grandes autores que transmitiram uma filosofia da arte, encontram-se algumas teorias que lhes são próprias.

Platão opõe arte e inspiração. A arte é inferior à Natureza, pois não passa de sua imitação; e a natureza é inferior às Essências eternas, pois não passa de sua cópia. A poesia, como a que se encontra em Homero e Hesíodo, não tem, portanto, valor metafísico e, ademais, é mentirosa, logo sem valor moral; pode-se dizer o mesmo das pinturas e das tapeçarias, que reproduzem as fábulas dos poetas (*Rep.*, II, 376e-378c); por outro lado, Íon, ao dissertar sobre Homero, não sofre o influxo da arte, mas de uma faculdade divina, **theîa dýnamis** / θεῖα δύναμις (*Íon*, 533d); e Sócrates, em sua prisão, compõe um poema para obedecer a uma ordem divina (*Fédon*, 61a-b). Em *República*, a arte se desdobra: faz-se a distinção entre a arte do artesão (arte de fabricação, **poiésousa**[1] / ποιήτουσα) e a arte do artista (arte de imitação, **mimesoméne** / μιμησομένη). Assim, o pintor que retrata um leito é inferior ao marceneiro que o fabricou, pois o marceneiro produz uma realidade sensível, que é cópia da Idéia eterna do Leito, ao passo que o pintor só imita a realidade sensível (*Rep.*, X, 595b-597a): ele só chega a uma imagem de imagem, a "uma imitação de aparência": **mímesis phantásmatos** / μίμησις φαντάσματος (598b).

Aristóteles, por sua vez, distingue:

a. arte e experiência (**empeiría**): "A experiência é conhecimento do individual; a arte do universal" (*Met.*, A, 1, 581a);

b. arte e ciência (**epistéme**. *v. essa palavra*); a arte é a aplicação do universal ao individual (*ibid.*);

c. ação, **prâxis** (*v. essa palavra*), e fabricação, **poíesis** (*v. essa palavra*); a arte pertence a esta segunda categoria: ela é "a disposição, acompanhada de razão (**metà lógou** / μετὰ λόγου), à fabricação". (*Ét. Nic.*, **VI**, IV, 3);

d. arte utilitária (**khroméne** / χρωμένη[2]) e arte de fabricação (**poietiké**) (*Fís.*, II, 2, 194b). Essa distinção decorre de b. e c.: há finalmente, como em Platão, uma arte de habilidade (o médico) e uma arte de transformação da matéria (o artesão).

1. **Tékhne** é do gênero feminino.
2. Esse particípio não pertence a **khrózo**, colorir, tingir, mas a **khráomai**, usar, utilizar.

télos (tó) / τέλος (τό): fim, finalidade.

Sentido usual: *término, acabamento*. Sentido filosófico: causa final. *v.* **aitía**. "A natureza é fim" (Aristóteles, *Fís.*, II, 2). Derivado: **téleios** / τέλειος: perfeito, acabado.

thánatos (tó) / θάνατος (ό): morte.

"A morte [...] é separação entre alma e corpo" (Platão, *Fédon*, 64c). "A morte nada é para nós" (Epicuro, *Carta a Meneceu*, D.L., X, 124). "A morte não é um mal, mas o mal é a opinião de que a morte é um mal" (Epicteto, *Manual*, V).

theîon (ho) / θεῖον (τό): Divindade, Divino. *v.* theós.

theoría (he) / θεωρία (ἡ): contemplação.

Latim: *contemplatio*.

Ato da mais elevada das faculdades do espírito para conhecer o inteligível.

A raiz **the-** / θε indica um conhecimento voluntário e constante. É encontrada nos verbos **theômai** / θεῶμαι, contemplar, e **theorô** / θεωρῶ, com o mesmo sentido; nos adjetivos **theoretikós** / θεωρητικός, intelectual, e **theoretós** / θεωρητός, contemplável; nos substantivos **théatron** / θέατρον, espetáculo, teatro, e **theórema** / θεώρημα, espetáculo, objeto de estudo.

Theoría só adquire sentido filosófico com Platão, que quase não utiliza o termo: algumas vezes, principalmente na *República* (VI, 486a; VII, 517d), em competição com **nóesis** / νόησις (*v. essa palavra*), que tem o mesmo sentido. Ganha grande importância com Aristóteles, que faz da **theoría** a contemplação dos Princípios primeiros, pela parte epistemônica da alma (*Ét. Nic.*, **X**, VII, 1). *v.* **eudaimonía**. É também pela **theoría** que o homem de Estado obtém a ciência política (*Pol.*, **IV**, I, 3-4). Encontramos também o termo em *Metafísica*, onde se lembra que a ciência dos primeiros princípios e das primeiras causas é teorética (A, 2, 982b; Λ, 1, 1069a). Plotino escreveu um tratado *Da natureza e da contemplação do Uno* (**III**, VIII), onde mostra que todas as ações tendem à contemplação.

theós (ho) / θεός (ὁ): Deus, o deus. Latim: *deus.* Plural: theoí (hoi) / θεοί (οἱ). **theîon (tó) / θεῖον (τό):** *o divino, a divindade.*

Ser sobrenatural venerado pela religião, que passou em seguida à filosofia para explicar a ordem da natureza, o curso dos acontecimentos ou o destino humano.

É difícil deslindar, nos autores gregos, monoteísmo e politeísmo. Os únicos que afirmam um Deus único, primeiro, absoluto e espiritual são Pitágoras, Aristóteles e Proclos. No entanto, Pitágoras e Aristóteles falam de seres secundários de natureza divina que são deuses. Anaxágoras fala de um Espírito primeiro ordenador (**Noûs**), mas nenhum fragmento ou testemunho diz que se trata de Deus. Platão dá à divindade vários rostos; Plotino de fato afirma que o Uno é Deus, mas também **Hypértheos**, logo Deus superior além do **Noûs**, que procede dele e compartilha de algum modo a divindade com ele; mantém os deuses secundários, tal como, aliás, Porfírio e Jâmblico. Encontra outros termos para designar as divindades secundárias: **daímon (ho)** / δαίμων (ὁ); **demiourgós (ho)** / δημιουργός (ὁ): espírito criador; e, para o divino em geral: **theîon**.

• *Deus* (**ho theós**). A doxografia de Tales nos deixa perplexos no que se refere à teologia. Diz ele: "De todos os seres, o mais antigo é Deus, pois não foi engendrado" (D.L., I, 35). Mas o que é esse Deus? Um espírito ordenador, decerto, pois, como diz Cícero, é uma *mens* que extrai todas as coisas da água (*De nat. deor.*, I, 10); e a Divindade (**tò theîon**) é "um ser sem começo nem fim" (D.L., I, 36). Mas Aécio (**I**, VII, 11) diz que ele é a inteligência do mundo, o que nos remete ao panteísmo. O mundo está cheio de espíritos: **daímones** (D.L., I, 27); mas, em vez de serem impessoais, os deuses vêem não só as ações dos homens, como também seus pensamentos (*ibid.*,

I, 36). É verdade que, como entre os babilônios, pelos quais Tales é influenciado, demônios e deuses provavelmente são espíritos diferentes.

Em Diógenes de Apolônia, o panteísmo é evidente: Deus possui a onipotência e a onipresença, mas é idêntico ao ar (fr. 5). Encontra-se identificação semelhante em Anaxímenes (Cícero, *De nat. deor.*, I, 10). O mesmo ocorre em Heráclito, onde ele assume natureza espiritual: ele é o **Lógos** (a Razão, que penetra a substância do Todo) (Aécio, **I**, XXVIII, 1). Nós mesmos, se pensamos e conhecemos, é por participação do Logos (Sexto Empírico, *Adv. math.*, VII, 134). Esse **Lógos** é explicitamente identificado com Deus (fr. 31) e qualificado como deus (fr. 50).

Em Pitágoras, "Deus é espírito: **noûs**" (Aécio, **I**, III, 8). Ele é idêntico ao Uno e ao Bem (*ibid.*, VII, 17). É objeto de prece; podemos até unir-nos a ele, pois essa é a finalidade da filosofia (Jâmblico, *Vida de Pitágoras*, 175, 137), cujo primeiro preceito é de "seguir Deus" (Estobeu, *Écl.*, VI, 3). Filolau afirma que há um Reitor e mestre de todas as coisas; é Deus, Uno, eternamente existente, imutável, imóvel, idêntico a si mesmo, diferente do resto" (Fílon de Alexandria, *Criação do mundo*, 23). Para Árquitas, há três princípios: Deus, que é o formador e motor do universo; substância, que é sua matéria, móvel, e forma, que é a ação de Deus sobre a substância (Estobeu, *Écl.*, I, 35). É esse Deus que põe a razão no homem (Jâmblico, *Protréptico*, 4, num texto extraído do tratado *Da sabedoria*, de Árquitas). Empédocles, influenciado pelos pitagóricos, zomba do antropomorfismo teológico: "Deus não tem corpo [...] ele é unicamente um espírito venerável, de uma potência inefável cujo pensamento percorre o universo" (*Purificações*, 134).

Antes de Árquitas e Empédocles, o caso de Xenófanes é absolutamente típico do caráter indeciso que os filósofos itálicos atribuem à Divindade. Clemente de Alexandria (*Strom.*, **V**, XIV, 109) afirma que Xenófanes de Colofão ensina que "Deus é único e incorpóreo". E cita dois de seus versos:

Há um Deus único, o maior entre os deuses e os homens,
Que não se assemelha aos mortais nem em corpo, nem em pensamento.

Outros dois versos fazem parte do mesmo poema: um é citado por Sexto Empírico (*Adv. math.*, IX, 144), por Diógenes Laércio (IX, 19) e pelo Pseudo-Plutarco (Eusébio de Cesaréia, *Preparação evangélica*, I, 23):

Por inteiro ele vê, por inteiro ele pensa, por inteiro ele entende.

O outro é citado por Simplício (*Comentário à Física de Aristóteles*, fr. 6):

E sem esforço ele move todas as coisas pelo pensamento de seu espírito.

Teísmo ou panteísmo? "Xenófanes", conforme escreve Aristóteles, "afirma que o Uno é Deus" (*Met.*, A, 5). Esse Deus único governa o mundo do interior ou do alto de sua transcendência? Interpretou-se nos dois sentidos, sem fechar a questão. Mas Tímon, o cético, decide-se a favor da transcendência: "Xenófanes imaginou um Deus afastado dos homens [...] imutável, inteligência e espírito" (Sexto Empírico, *Hypot.*, **I**, XXXIII, 224). Sócrates faz a mesma pergunta. Segundo Xenofonte (*Mem.*, **I**, IV, 13-18), ele ensinava que Deus não só deu ao corpo humano uma conformação admirável, como também lhe conferiu a alma mais perfeita. No entanto, um pouco adiante, chama esse mesmo Deus de "inteligência (**phrónesis**) que está no universo", depois fala dele no neutro: é a Divindade (**tò theîon**).

Platão move-se na mesma incerteza. No livro II da *República* (379a-c), fala de Deus no singular e até como uma pessoa: ele é bom e não autor dos males. Além disso, ele é absolutamente perfeito e incapaz de nos enganar (381b-c; *Teeteto*, 176b-c). Ora, no livro IV das *Leis* (716c), Platão escreve que Deus deve ser "a medida de todas as coisas". E o ateniense, um pouco acima, afirma que "Deus detém, segundo antigas palavras, o começo, o fim e o meio de todos os seres". Quais são essas antigas palavras? É um verso de um poema órfico[1], que põe em cena Zeus, que recriou o universo criado uma primeira vez por Fanes e, como arquiteto do universo, realizou seu trabalho com medida. Esse Deus é, portanto, o deus do

Timeu (29a-31b), o Demiurgo, que não é um espírito absoluto, pois fabrica o mundo graças a dois princípios preexistentes: uma matéria informe e um Modelo eterno (**parádeigma**).

Aristóteles, no livro Λ da *Metafísica*, confere a Deus a natureza mais grandiosa, ao mesmo tempo a mais rigorosa, que foi definida desde o início da história da filosofia. Ele é o Princípio absoluto, Motor (**kinoûn**) não movido, substância eterna, e Ato puro (**enérgeia oûsa**). Ele é o Bem em si e o Desejável em si, causa final e necessária, Pensamento (**nóesis**) que se pensa a si mesmo, beatitude perfeita (VII, 1072a-b, IX). Ora, nessa solidão espiritual, ele ignora o universo que ele mesmo move, bem como o homem, de quem ele é a Finalidade.

Ao contrário de Aristóteles, os estóicos professam um panteísmo absoluto. O universo, sendo uma Realidade racional, perfeita e necessária, é Deus. Deus é "a reta razão em toda parte disseminada" e "intimamente misturada à Natureza" (D.L., VII, 88, 147). Para Crisipo, Antípatro e Posidônio, Deus é "uma força inteligente e divina disseminada no mundo" (Cícero, *De divinatione*, I, 14). Para Marco Aurélio (VIII, 9), ele é "a unidade resultante do conjunto".

Em Plotino, Deus é o Uno e o Bem, que constituem com um mesmo nome a primeira Hipóstase. Portanto, ele é a absoluta transcendência, estando para além do ser (**hyperóntos**, **VI**, VIII, 14; **epékeina óntos**, **V**, I, 10; **V**, V, 6) e além do inteligível (**III**, VII, 2); ele é o Único, além de tudo aquilo que são os seres, e, sendo superabundante, não precisa de nada que não seja ele (**V**, I, 6-7). Mas, ao mesmo tempo, ele é em absoluto tudo o que são os seres por ele produzidos. Ele é Vontade (**VI**, VIII, 21) e Vontade de Ser (**VI**, VIII, 16); é Pensamento (**nóesis**) e Pensamento de si mesmo (**VI**, VII, 37); é Amor e Amor de si mesmo (**VI**, VIII, 15). Por isso, nosso destino é tornar-nos semelhantes a ele (**I**, 2-3). Em Hermes Trismegisto, Deus é o primeiro Espírito, Pai de todos os seres, que é Vida e Luz (*Poimandres*, I, 12), mas de modo absolutamente dessemelhante de tudo o que ele produz (*ibid.*, II, 14).

- *Os deuses* (**hoi theoí**).

O politeísmo é paralelo ao monoteísmo; aliás, nos mesmos autores. Devemos entender por monoteísmo a proclamação de um Deus absoluto e originário, primeiro Princípio, que dá existência a outras personagens divinas ou, simplesmente, cuja natureza não se opõe a essa existência. São, habitualmente, deuses inteiramente espirituais, como os de Tales, que vêem nossos pensamentos (D.L., I, 36). Ferecides teria escrito uma obra *Sobre a Natureza e sobre os deuses* (D.L., I, 116). Anaximandro, segundo diz Cícero (*De nat. deor.*, I, 10), professava que os deuses nascem e morrem.

Vários testemunhos mostram entre os pitagóricos deuses que supostamente conciliam religião e metafísica. O primeiro verso das *Palavras de ouro* de Pitágoras começa com estas palavras: "Em primeiro lugar, honra os deuses imortais." Jâmblico, depois de dizer que os pitagóricos manifestavam devoção a Deus, declara que, segundo eles, os homens devem buscar o Bem junto aos deuses (*Vida de Pitágoras*, 175, 137); esses deuses, aliás, são inocentes de nossos males (*ibid.*, 218). Árquitas declara que, depois dos deuses, nossa alma é o que há de mais divino (Jâmblico, *Protréptico*, 4). Na realidade, em Pitágoras e em seus discípulos, se os deuses são imortais, não são eternos: são criaturas do Deus supremo (Hiérocles, *Comentário ao Poema de ouro de Pitágoras*, 1). Com esse Deus, as diferentes ordens de espíritos formavam quatro graus metafísicos: no mais elevado, deuses imortais que habitam os astros; depois, os heróis glorificados (almas humanas imortalizadas) que habitam o éter; por fim, os demônios que habitam a terra (Porfírio, *Vida de Pitágoras*, 38; Aristóxeno, *in* Jâmblico, *Vida de Pitágoras*, 99; Hierocles, *loc. cit.*, 3). Existe aí uma influência bem clara da hierarquia caldéia dos deuses: Pitágoras viveu vários anos na Babilônia.

Empédocles menciona os decretos dos deuses (fr. 115, 1). Sócrates perguntava aos deuses o que devia fazer (Xenofonte, *Mem.*, **I**, I, 6). Platão segue de certo modo Pitágoras ao fazer a distinção entre os deuses do Mundo inteligível, em companhia dos quais vivem os eleitos, e os deuses da terra, protetores dos homens (*Fédon*, 81a, 63b, 62d). Em *Timeu* (40a-b), faz dos deuses do céu criaturas do Demiurgo, acrescentando que aqueles deuses são estrelas. Chega a conferir divindade ao sol e à lua (*Leis*, VII, 821b-c, 822a; *Rep.*, VI, 508a). Para Aristóteles, as substâncias primeiras são deuses (*Met.*, Λ, 8, 1074b), que são seres imortais e bem-aventurados (D.L., X, 123). Para os estóicos, "é a vontade dos deuses que rege o mundo" (Cícero, *De fin.*, III, 19); "é a providência dos deuses" que o organiza (*id.*, *De nat. deor.*, II, 30) e toma conta dos mortais (Marco Aurélio, VII, 70). Plotino também atribui aos deuses uma missão providencial (**II**, IX, 9; **III**, II, 9). Para os céticos (e essa é uma de suas raras afirmações), "os deuses existem, e nós os veneramos" (Sexto Empírico, *Hipot.*, **III**, III, 2). Para Proclos, cada deus é uma *hénade* (**henás** / ἑνάς, gen. **henádos**), ou seja, uma Unidade, perfeita, supravivente, suprapensante, que exerce uma atividade universal (*Teologia*, 113-133).

Alguns pensadores, impressionados com a grosseria da religião popular, negam a existência dos deuses. São eles, especialmente, Evêmero, Pródico[2], Diágoras de Melos, Crítias, Teodoro, Bíon de Boristene. Quanto a Protágoras, afirmava não saber se os deuses existiam ou não (Sexto Empírico, *Adv. phys.*, I, 17, 50-57).

• *O Divino*, a *Divindade* (**tò theîon**).

Esse adjetivo neutro substantivado é muito mais vago do que **theós**, cuja personalidade não tem. Os pitagóricos mostravam devoção ao Divino (Jâmblico, *Vida de Pitágoras*, 175). Tales definia a Divindade como "um ser sem começo nem fim" (D.L., I, 36). Heráclito considera que as leis humanas foram legadas pela Divindade (fr. 114). Sócrates ensina que a Divindade vê e ouve tudo (Xenofonte, *Mem.*, **I**, IV, 18). Epicuro proclama que a Divindade é um ser imortal e bem-aventurado (D.L., X, 123), entendendo com isso a pessoa que possui a divindade.

Platão confere importância especial ao Divino, "o que é belo, sábio e bom" (*Fedro*, 246e), "o que é eternamente semelhante a si mesmo" (*Pol.*, 269d). Encontram-se dois graus nessa categoria: a alma humana, "feita para viver em companhia daquilo que é divino" (*Fédon*, 80b), e o Mundo inteligível, divino por essência, que faz os deuses ser divinos e as almas tornar-se divinas (*Fedro*, 249c, *Rep.*, **VI**, 509b). De fato, o filósofo, homem da contemplação do Divino (*Sofista*, 254b), tem o direito a ser chamado de *divino* (*Rep.*, VI, 500c-d). Aristóteles faz do Céu (**ouranós**) um ser divino: **theîon**, ainda que seja um corpo; mas é inegendrado e incorruptível (*De caelo*, I, 3), e é nele que está a Divindade inteira: **tò theîon pân** (*ibid.*, I, 9).

Locuções:

- **katà theón zên** / κατὰ θεὸν ζῆν: viver segundo Deus (Sexto, o Pitagórico, *Sentenças*, 11).
- **hépou theô** / ἕπου θεῷ: sou Deus! (Pitágoras, Estobeu, *Écl.*, VI, 3; Sosíades, *Preceitos dos sete sábios*, 1).

1. Poema reproduzido por Kern em seus *Orphicorum fragmenta*, Berlim, 1922, p. 168.
2. Quanto a este, testemunho mais desenvolvido em Filodemo, *Da piedade*, IX, 7.

thésis (he) / θέσις (ἡ): tese.

Lógica. "A tese é um pensamento paradoxal defendido por algum filósofo célebre", que apresenta um problema para ser resolvido (Aristóteles, *Tóp.*, I, 11).

thymós (ho) / θυμός (ὁ): coração.

Esse termo vago encerra a afetividade em suas diversas formas: sentimento, humor, paixão, fervor, arrebatamento.

Segundo a transliteração usual, o radical grego θυμ torna-se em latim *thym-*. O próprio termo torna-se, em francês, *thymus* (timo), que em anatomia designa uma glândula de crescimento situada contra o coração; portanto, nesse caso, a etimologia foi explorada de um ponto de vista totalmente orgânico. Em psicologia, o sufixo *-timia* designa o humor: um esquizotímico é um introvertido, e um ciclotímico é um indivíduo de humor mutável.

Em Pitágoras (segundo Alexandre Poliístor, D.L., VIII, 30), a alma humana tem três estágios: **noûs**, **phrén**, **thymós**; este último parece ser a sede das tendências infra-intelectuais. Por outro lado, em Heráclito essa palavra significa sentimento, quando afirma que é difícil lutar contra o coração (fr. 85). Platão também divide a alma em três partes: **epithymía**, **thymós** e **lógos**. O **thymós**, parte central, tem sede no peito e preside à vida afetiva; é a faculdade da coragem (**andreía**): virtude específica dos guerreiros, que regra a impulsividade (*Rep.*, IX, 580c-583a). Em *Timeu* (69d), o **thymós** é a paixão irracional, surda aos conselhos salutares. Em *Ética eudeméia*, Aristóteles arrola o **thymós** entre as paixões, mas então é preciso traduzir por *cólera* (essa paixão se chama **orgé** / ὀργή na *Ética nicomaquéia* e na *Ética magna*).

Retomando a teoria platônica, Plotino constata que se divide a parte irracional da alma (**tò álogon**) em duas: desejo (**epithymía**) e coração (**thymós**); e considera como sede deste último o coração anatômico: **kardía** (**IV**, IV, 28). Encontra-se o adjetivo neutro substantivado **tò thymikón** / τὸ θυμικόν, com o mesmo significado. Em Pitágoras – explica Aécio (**IV**, IV, 1) –, a parte da alma desprovida de razão dividia-se em duas: o **thymikón** e o **epithymetikón**, alma sensitiva.

timokratía (he) / τιμοκρατία (ἡ): timocracia.

Em Platão, governo da honra (*Rep.*, VIII, 545a-548d), que se caracteriza pelo luxo e pela prosperidade; no homem timocrático, a alma média (**thymós**) domina a razão: é um irascível e um violento (*ibid.*, 548d-550c).

tópos (ho) / τόπος (ὁ): lugar.

Considerado por Aristóteles como *categoria* em sua enumeração na forma interrogativa: **poû** (ποῦ) (*Cat.*, IV), mas não desenvolvida depois; ao contrário, os *Tópicos* (τοπικά) são dedicados ao uso dos "lugares"-comuns da discussão. O lugar é tratado mais seriamente em seu sentido cosmológico na *Física* (IV, 1-9). Os céticos chamam de lugares "os modos que fazem concluir pela suspensão do juízo" (Sexto Empírico, *Hipot.*, **I**, 36).

tò tí ên eînai / τὸ τί ἦν εἶναι: qüididade, essência.

Textualmente: "aquele em que havia um ser", fórmula aristotélica para designar aquilo que entra na definição de um ser (*Met.*, A, 3; Δ, 6; Z, 4-6, 10; H, 1; *Fís.*, II, 1). Outras fórmulas: **tò tí esti** / τὸ τί ἐστι: "o que é algo" (*Fís.*, II, 7); **tí esti** (*Tóp.*, I, 9; *Fís.*, II, 1).

týkhe (he) / τύχη (ἡ): acaso.

Na mitologia, a fortuna, sorte enviada pelos deuses. Aristóteles considera o acaso como a causa de fatos excepcionais, acidentais e finalizados (*Fís.*, II, 4). Para Plotino, ele intervém nos fatos derivados e múltiplos (**IV**, VIII, 5).

tyrannís (he) / τυραννίς (ἡ): tirania.

Governo da violência, engendrado pelos excessos da democracia (Platão, *Rep.*, VIII, 562a-569c). O homem tirânico é aquele que põe a força a serviço da injustiça (*ibid.*, 571a-580c). Em Aristóteles, esse governo se confunde com o da realeza absoluta (*Pol.*, **IV**, X).

VOCABULÁRIO

absoluto: **haploûs**
ação: **prâxis**
acaso: **týkhe**
acidente: **symbebekós**
afeição: **páthos, philótes**
afirmação: **katáphasis**
alma: **psykhé**
alteração: **alloíosis**
amizade: **philía, philótes**
amor: **éros**
aparência: **phainómenon**
apetite: **thymós**
aristocracia: **aristokratía**
arte: **tékhne**
artesão: **demiourgós**
assimilação: **homoíosis**
ato: **enérgeia, entelékheia**
átomo: **átomos**
aumento: **aúxesis**

beleza: **kalón**
bem: **agathón**
   soberano Bem: **áriston, kyriótaton**
bem-estar: **euthymía**

capacidade: **dýnamis**

categoria: **kategoría**
causa: **aitía**
caverna: **spélaion**
cético: **skeptikós**
céu: **ouranós**
chefe: **árkhon**
cidade: **pólis**
ciência: **epistéme**
compreensão: **katálepsis**
comum: **koinós**
conclusão: **péras**
conhecimento: **gnôsis**
conjectura: **eikasía**
constituição: **politeía**
contemplação: **theoría**
contradição: **antíphasis**
contrariedade: **enantíosis**
contrário: **enantíos**
coração: **thymós**
coragem: **andreía**
corpo: **sôma**
corrupção: **phthorá**
crença: **pístis**
criação: **poíesis**
criador: **demiourgós**

dedução: **syllogismós**

definição: **horismós, hóros**
deliberação: **boulé**
delírio: **manía**
democracia: **demokratía**
demonstração: **apódeixis**
desejo: **epithymía**
destruição: **phthorá**
deus: **theós**
díade: **dyás**
dialética: **dialektiké**
diferença: **diaphorá**
diminuição: **phthísis**
divindade: **theîon**
divino: **theîos, daimónios**
doxografia: **doxographía**

economia: **oikonomía**
elementos: **stoikheîa**
eqüidade: **epieíkeia**
erístico: **eristikós**
espécie: **eîdos**
espírito: **noûs, daímon**
essência: **eîdos, idéa, ousía, tò tí ên eînai**
Estado: **politeía**
estado, maneira de ser: **héxis**
estudo: **máthesis**
eternamente: **aeí**
eterno: **aídios, aiónios**
 (sem começo: **agénetos**)
experiência: **empeiría**

fabricação: **poíesis, tékhne**
faculdade: **dýnamis**
família: **oîkos**
felicidade: **eudaimonía, makariótes**
figura: **skhêma**
filosofia: **philosophía**
fim: **péras, télos**
fim, finalidade: **télos, péras**
forma: **eîdos, morphé**

gênero: **génos**
geração, vinda ao ser: **génesis**
governante: **árkhon**
governo: **politeía**

harmonia: **harmonía**
hipóstase: **hypóstasis**
hipótese: **hypóthesis**
homem: **ánthropos**

imagem: **eikón, mímema**
imaginação: **phantasía**
imortal: **athánatos**
imortalidade: **athanasía**
imóvel (sem mudança): **akínetos**
impassível: **apathés**
inclinação: **hormé**
incorpóreo: **asómatos**
incorruptível: **áphthartos**
individual: **kath'hékaston**
indução: **epagogé**
injustiça: **adikía**
instante: **nûn**
inteligência: **noûs, phrónesis**
involuntariamente: **ákon**
involuntário: **akoúsios**

justiça: **dikaiosýne, díke, dikaiótes, díkaion**
justo: **díkaios**

lei: **nómos**
liberdade: **eleuthería, proaíresis**
lugar: **tópos**

mal: **kakón**
matéria: **hýle**
medo: **phóbos**
meio: **metaxý**
memória: **mnéme**
mito: **mýthos**
modelo: **arkhétypos, parádeigma**

mônada: **monás**
morte: **thánatos**
motor: **kinoûn**
móvel: **kinetón**
movimento: **kínesis, phorá**
mudança: **metabolé, kínesis**
mundo: **kósmos, hólon**

não-ser: **mè ón**
nascimento: **génesis**
natureza: **phýsis**
necessidade: **anánke**
negação: **apóphasis**
número: **arithmós**

oligarquia: **oligarkhía**
opinião: **dóxa, dógma, hypólepsis**
oposição: **antíthesis**
oposto: **antikeímenos**

paixão: **páthos**
participação: **méthexis**
pensamento: **nóesis, phrónesis**
  (discursivo: **diánoia**)
possível: **dynatón**
potência: **dýnamis**
prazer: **hedoné**
predicado: **kategórema**
predicável: **kategoroúmenos**
prenoção: **prólepsis**
princípio: **arkhé**
privação: **stéresis**
proposição: **apóphansis**
  (geométrica: **diágramma**)
providência: **prónoia**
purificação: **kátharsis**

qualidade: **poión**
quantidade: **posón**
qüididade: **tò tí ên eînai**

razão: **lógos**

realeza: **basileía**
relação: **prós ti**
reminiscência: **anámnesis**
repouso: **stásis**
retórica: **rhetoriké**

sabedoria: **sophía**
saber (subst.): **máthema**
saber (verbo): **eidénai**
  (*v.* **eudaimonía**)
sensação: **aísthesis**
ser: **eînai, ón, ousía**
si: **autós**
silogismo: **syllogismós**
simples: **haploûs**
sofista: **sophistés**
substância: **ousía, hypokeímenon**
suspensão (do juízo): **epokhé**

temperança: **sophrosýne**
tempo: **khrónos**
tendência: **órexis**
termo: **péras**
tese: **thésis**
timocracia: **timokratía**
tirania: **tyrannís**
todo: **pân**
tranqüilidade: **ataraxía**
tristeza: **lýpe**
tudo: **pân**

universal: **kathólou**
universo: **hólon, pân**
uno: **hén**

verdade: **alétheia**
verdadeiro: **alethés**
virtude: **areté**
voluntariamente: **ekón**
voluntário: **ekoúsios**
vontade: **boúlesis, proaíresis**

ÍNDICE REMISSIVO

Alcmêon: 34, 116
Alexandre de Afrodísia: 15, 38, 121, 122
Anacársis: 32, 134
Anatólio: 29
Anaxágoras: 9, 22, 23, 24, 32, 71, 77, 99, 111, 116, 133, 134, 145
Anaxarco: 67
Anaximandro: 23, 31, 71, 77, 149
Anaxímenes: 31, 146
Andrônico: 93
Antifonte: 61, 96
Antípatro: 81, 148
Antístenes: 65
Apolodoro: 46, 81
Aresas: 125
Aristão: 110
Aristipo: 61, 67, 68
Aristóteles:
 Anal. Post.: 25, 76, 78
 Anal. Pr.: 55, 131, 140
 Cat.: 21, 35, 37, 39, 53, 63, 64, 74, 81, 86, 105, 106, 109, 114, 115, 119, 120, 121, 123, 138, 152
 De an.: 14, 21, 48, 50, 54, 55, 86, 87, 91, 99, 100, 111, 115, 120, 124, 127, 128, 132
 De caelo: 10, 24, 85, 92, 104, 107, 132, 140, 151
 De gen.: 18, 35, 85, 106, 115, 119, 132
 De gen. an.: 127
 De int.: 17, 21, 25, 81, 83, 84, 89
 Ét. Eud.: 21, 58, 135, 152
 Ét. Nic.: 11, 20, 21, 25, 27, 37, 42, 43, 45, 48, 54, 56, 57, 58, 61, 69, 70, 74, 80, 90, 96, 104, 112, 113, 115, 118, 119, 121, 124, 125, 127, 128, 133, 135, 143, 144, 152
 Eth. Mag.: 21, 135, 152
 Fís.: 9, 13, 15, 16, 18, 19, 21, 23, 24, 32, 50, 57, 63, 77, 85, 86, 89, 90, 91, 92, 95, 100, 106, 116, 118, 132, 137, 138, 141, 142, 143, 144, 153
 Met.: 10, 11, 14, 15, 17, 19, 21, 29, 32, 36, 41, 48, 51, 53, 54, 55, 57, 60, 62, 64, 66, 70, 73, 74, 76, 77, 83, 85, 88, 91, 92, 93, 94, 95, 96, 99, 102, 103, 106, 108, 109, 111, 114, 115, 116, 118, 119, 120, 123, 126, 133, 138, 140, 141, 142, 143, 144, 148, 150, 153
 Poét.: 52, 119, 120, 140

Pol.: 13, 28, 37, 39, 45, 51, 52, 88, 89, 96, 97, 101, 115, 118, 120, 144, 153
Ret.: 24, 51, 97, 110, 130
Sobre os filósofos: 46
Tóp.: 40, 64, 78, 79, 83, 91, 118, 140, 141, 151, 152
Arquelau: 43, 107
Árquitas: 11, 42, 61, 71, 78, 95, 97, 102, 107, 131, 146, 149

Bias: 115, 134
Bíon: 80, 150
Brontino: 41, 116
Bútero de Cízico: 29

Cálicles: 97
Carnéades: 41
Carondas: 97
Cleantes: 69
Cleóbulo: 115, 134
Clitômaco de Cartago: 46
Crisipo: 12, 53, 69, 80, 81, 109, 118, 148
Crítias: 150
Critolau: 117

Demócrito: 18, 35, 38, 61, 63, 68, 84, 85, 103, 139, 140
Demófilo: 41, 97
Diágoras: 150
Díocles de Magnésia: 46
Diodoro: 97
Diógenes de Apolônia: 9, 31, 34, 50, 89, 94, 95, 117, 129, 146
Diógenes de Babilônia: 12
Dionísio de Heracléia: 69
Diotógenes: 37

Ecfanto: 37
Empédocles: 19, 32, 38, 71, 83, 99, 113, 116, 139, 140, 146, 149

Enesidemo: 97, 112, 130
Epicteto: 16, 17, 20, 22, 33, 34, 38, 41, 45, 52, 55, 62, 66, 69, 74, 76, 78, 80, 90, 92, 98, 104, 110, 112, 113, 121, 122, 126, 127, 144
Epicuro: 12, 14, 17, 19, 20, 33, 35, 41, 43, 45, 52, 62, 67, 68, 69, 80, 84, 85, 87, 89, 111, 113, 117, 118, 122, 127, 132, 133, 144, 150
Epimênides: 134
Esferos: 110
Estênidas: 37
estóicos: 19, 20, 21, 22 , 24, 28, 45, 58, 59, 62, 66, 69, 71, 80, 91, 92, 98, 106, 109, 111, 113, 114, 117, 118, 122, 126, 127, 129, 132, 140, 148, 150
Euclides de Mégara: 11, 58, 102
Evêmero: 150

Ferecides: 79, 116, 128, 134, 149
Filolau: 9, 16, 29, 66, 71, 87, 102, 116, 117, 129, 131, 139, 146

Górgias: 134

Hecatão: 12, 110
Heráclito: 9, 18, 31, 38, 53, 66, 71, 89, 90, 92, 99, 105, 107, 115, 117, 123, 127, 133, 139, 146, 150, 152
Herilo: 12, 110
Hermes Trismegisto: 13, 33, 39, 89, 96, 148
Hermipo de Esmirna: 46, 134
Hípaso de Metaponto: 31
Hípias: 97, 134

Íon de Quios: 114

Jâmblico (Pseudo-): 29

Leucipo: 35, 84, 85, 103, 140

Lísis: 38

Marco Aurélio: 12, 20, 33, 41, 45, 52, 62, 67, 69, 70, 75, 78, 80, 89, 90, 92, 98, 100, 106, 117, 118, 122, 123, 126, 128, 129, 148, 150
Melisso: 9, 72, 85, 88, 90, 103, 107, 132
Métope: 26
Mílon: 116
Míson, o Lacedemônio: 134
Moderado: 29
Museu: 71

Nicômaco: 29, 53
Numênio: 29

Ocelo: 97

Parmênides: 11, 17, 30, 31, 35, 44
Periandro: 69, 85, 91, 134
Pírron: 33, 58, 97, 112, 130
Pítaco: 28, 65, 69, 97, 134
Pitágoras: 9, 10, 23, 24, 26, 30, 31, 33, 37, 38, 39, 41, 42, 50, 52, 61, 71, 72, 75, 77, 79, 83, 88, 90, 91, 98, 102, 112, 113, 115, 116, 123, 125, 128, 131, 134, 138, 139, 140, 146, 149, 151, 152
pitagóricos: 29, 34, 80, 126, 127, 128, 131, 150
Platão:
  Alcibíades: 38, 75
  Apologia de Sócrates: 38, 60
  Banquete: 36, 44, 59, 60, 61, 80, 91, 104
  Cármides: 48
  Crátilo: 36, 51, 120
  Epínomis: 29, 66
  Fédon: 15, 17, 18, 19, 20, 26, 32, 33, 34, 36, 38, 48, 49, 52, 53, 56, 63, 64, 67, 69, 75, 80, 83, 90, 94, 95, 99, 103, 105, 114, 115, 119, 126, 128, 131, 132, 143, 144, 151
  Fedro: 13, 19, 30, 38, 49, 51, 56, 59, 91, 105, 112, 116, 150, 151
  Filebo: 11, 23, 56, 69, 118, 139
  Górgias: 11, 16, 52, 80, 97, 102, 119, 121, 126, 130, 131
  Íon: 142, 143
  Laques: 66
  Leis: 32, 37, 52, 92, 97, 116, 118, 120, 147, 150
  Lísis: 75
  Mênon: 17, 18, 26, 34, 44, 85, 91, 121
  Parmênides: 48, 49, 50, 51, 59, 63, 66, 70, 72, 84, 85, 88, 95, 98, 99, 102, 103, 105, 107, 116, 137
  Política: 19, 33, 139, 150
  Protágoras: 18, 20, 26, 44, 80, 134, 142, 150
  República: 11, 14, 16, 19, 26, 32, 28, 29, 36, 39, 40, 42, 43, 45, 48, 51, 52, 56, 57, 58, 64, 65, 66, 68, 75, 78, 80, 88, 89, 90, 91, 93, 95, 97, 101, 105, 108, 111, 114, 118, 119, 120, 124, 133, 135, 136, 142, 143, 144, 147, 150, 151, 152, 153
  Sofista: 16, 36, 47, 50, 51, 64, 74, 82, 88, 103, 135, 137, 138, 139, 151
  Teeteto: 14, 18, 44, 49, 52, 56, 75, 76, 105, 111, 147
  Timeu: 9, 13, 15, 19, 38, 39, 49, 52, 64, 66, 85, 87, 89, 90, 94, 104, 107, 108, 110, 124, 127, 128, 131, 132, 139, 148, 150, 152
Plotino: 8, 10, 12, 13, 14, 16, 17, 18, 21, 22, 24, 28, 30, 32, 34, 37, 38, 39, 40, 41, 42, 43, 45, 47, 49, 50, 52, 55, 56, 58, 60, 62, 65, 67, 71, 73, 75, 76, 77, 78, 80, 87, 90, 91, 94, 96, 98, 100, 103, 104, 106, 108,

112, 117, 122, 124, 127, 128, 129, 132, 135, 137, 138, 145, 148, 150
Porfírio: 41, 65, 79, 82, 83, 141
Posidônio: 148
Proclos: 13, 53, 55, 74, 94, 95, 100, 112, 145, 150
Pródico: 134, 150
Proros: 29
Pseudo-Timeu: 129

Quílon: 32, 65, 134

Segundo: 34
Sexto Empírico: 62, 63, 65, 88, 111, 122, 130, 152
Sexto, o Pitagórico: 151
Sócrates: 11, 15, 17, 26, 38, 51, 58, 60, 61, 65, 71, 79, 80, 81, 84, 88, 92, 95, 96, 102, 107, 115, 117, 122, 133, 135, 143, 147, 149

Sólon de Atenas: 32, 120
Sosíades: 97, 151
Sosícrates: 46

Tales: 31, 38, 65, 71, 88, 98, 116, 134, 145, 146, 149, 150
Teages: 26
Teodoro: 150
Teógnides: 42, 79
Timócrates: 68
Tímon: 97, 112, 130, 134, 147
Trasímaco: 97

Xenófanes: 31, 32, 72, 116, 139, 146

Zaleucos: 97
Zenão de Cício: 12, 21, 28, 42, 75, 85, 109, 110, 135
Zenão de Eléia: 85, 116

ÍNDICE DAS FONTES DE REFERÊNCIA

Aécio: 8, 9, 11, 24, 33, 38, 47, 50, 66, 71, 77, 84, 87, 90, 91, 95, 98, 115, 123, 145, 146, 152
Agostinho (santo): 113
Alexandre Poliístor: 46, 47, 123, 151
Aristóteles: 18, 19, 21, 22, 23, 28, 29, 30, 31, 34, 35, 46, 47, 48, 50, 51, 71, 73, 83, 84, 85, 113, 137, 140, 147
Aristóxeno: 29, 42, 46, 94, 97, 149
Arnim: 109
Ateneu: 8, 42, 66
Aulo Gélio: 41, 53, 79, 80

Berósio: 31

Cícero: 7, 11, 12, 28, 31, 34, 58, 68, 69, 80, 90, 110, 113, 126, 127, 129, 138, 145, 146, 148, 149, 150
Clemente de Alexandria: 12, 28, 61, 110, 117, 146

Damáscio: 31
Demétrio de Falero: 65
Diógenes Laércio: 8, 11, 14, 17, 21, 23, 26, 28, 33, 35, 38, 45, 46, 58, 62, 63, 65, 66, 67, 68, 69, 71, 75, 77, 85, 87, 88, 90, 94, 95, 97, 98, 99, 107, 108, 111, 112, 113, 114, 115, 117, 118, 123, 126, 127, 128, 130, 132, 133, 134, 140, 145, 147, 148, 149, 150, 151

Estobeu: 7, 9, 11, 12, 29, 32, 33, 38, 41, 47, 50, 61, 68, 75, 84, 87, 95, 97, 102, 117, 125, 129, 146, 151
Eusébio de Cesaréia: 47, 147

Fílon de Alexandria: 9, 16, 72, 146

Heráclides do Ponto: 61, 129
Heráclides Lembos: 46, 75
Hiérocles: 79, 149
Hipólito: 34, 66, 128, 131

Jâmblico: 39, 41, 42, 75, 79, 112, 117, 129, 145, 146, 149, 150
João Crisóstomo (são): 128

Lactâncio: 69, 113, 128

Macróbio: 66
Materno: 140

Plutarco: 21, 28, 32, 75, 135
Plutarco (Pseudo-): 9, 31, 47, 77, 84, 112, 147
Porfírio: 34, 38, 74, 116, 149

Sêneca: 28, 63
Sexto Empírico: 7, 12, 18, 28, 34, 58, 63, 102, 111, 132, 146, 147, 150
Simplício: 9, 46, 72, 85, 90, 132, 147

Temístio: 52

Teodoreto: 47
Teofrasto: 46, 85
Téon de Esmirna: 29, 72
Timeu (Pseudo-): 129

Usener: 67

Xenofonte: 7, 26, 38, 52, 60, 61, 66, 68, 71, 80, 92, 96, 102, 107, 115, 117, 122, 133, 135, 147, 149, 150